성서지리와
역사적 관점으로 본
사도바울

| 이영철 지음 |

쿰란출판사

추천사 1

    한국성서지리연구원의 터키 지부장을 맡고 있는 이영철 바울 연구가는 오랫동안 터키에 거주하면서 연구원을 위해 성지 관련 자료 수집과 성지 답사에 많은 도움을 주셨습니다. 그 뿐만 아니라 바울 연구를 위하여 그의 흔적이 남아 있는 이스라엘, 요르단, 레바논, 시리아, 그리스, 로마 그리고 지중해와 에게해에 위치한 섬들을 답사하였습니다.

    바울을 연구한다고 하면 일반적으로 바울의 사상과 신학에 중점을 두고 이야기합니다. 즉 학문적인 바울을 설명하는데, 독자들은 그것을 쉽게 이해할 수 없다는 것입니다.

    그런데 저자는 바울 연구를 위해 그의 고향인 다소에 살면서 다방면으로 깊이 있게 연구를 하였습니다. 바울에 관련된 역사적 흔적을 찾아 바울의 1,2,3차 선교여정 그리고 로마까지 곳곳을 답사하면서 성서 지리적 관점과 역사적 관점을 가지고 바울의 삶이 한눈에 들어오도록 직접 찍은 사진들과 함께 독자들이 바울을 생각할

때 관심을 갖거나 의문을 느꼈을 법한 것들을 알기 쉽게 잘 설명하고 있습니다.

바울의 출생부터 순교까지 전 생애를 연구한다는 것은 그리 쉬운 일은 아니지만 성서 지리학적 그리고 역사적 관점으로 바울의 일생을 한눈에 볼 수 있도록 정리하였습니다. 성경을 읽으면서 이 책을 활용한다면 신앙생활에 큰 도움이 될 것으로 확신하는 바입니다.

다시 한번 오랫동안 바울에 대한 집중 연구가 이제 한 권의 책으로 나오게 된 것을 진심으로 축하하며 기뻐하는 바입니다.

2013년 1월 10일
서울장신대학교 교수
한국성서지리연구원장
홍순화

추천사 2

    이영철 님을 알게 된 지도 벌써 5년이 되었습니다. 연구학기를 맞이하여 터키 성지순례를 온전히 할 수 있는 방법을 이모저모로 검토하던 중, 지인의 소개로 만나게 되었습니다. 근 열흘 동안 교대로 운전하며 총 3,400km의 거리를 돌아다니면서 수많은 도시들과 유적지들을 방문했는데 유창한 터키어와 성지에 대한 박식한 지식에 놀랐습니다. 누구보다도 터키에 대해 잘 알고 있는 '보물'과 같은 분을 알게 되었다는 생각에 여행 기간 내내 즐거웠습니다. 한 도시에서 수십 년간 차를 몬 베테랑 운전사처럼 지도 없이 이곳저곳을 잘 안내해 주셨고, 여러 가지를 물었고, 많은 것을 배웠습니다. 터키에 대해 하나라도 더 알려주려고 애쓰셨습니다.
    제 연구학기 계획은 그리스·터키 몇 곳만 방문하고 느긋하게 쉬다 오는 것이었습니다. 그러나 이영철 님은 원래 계획을 수정하여 바울 관련 지명 대부분을 방문하도록 저를 자극했고 도전 의식을 고쳐시켜 주었습니다. 제가 터키에 대해 남다른 애정과 관심을

갖게 된 이유 중, 많은 부분은 이영철 님 덕분입니다.

터키에 관한 이영철 님의 책이 나왔다고 해서, 바울 전공자로서 그리고 내용에 나오는 여러 곳을 함께 순례한 동행자로서 남다른 감회를 느끼며 처음부터 끝까지 꼼꼼하게 읽어 보았습니다. 역시 터키에 대한 사랑이 문장 곳곳에서 묻어나 있었습니다. 오랜 기간 숙성한 된장이 맛있듯, 이영철 님의 글과 내용은 충분히 무르익어 우리에게 맛깔난 요리('터키 성지 안내')를 제공합니다. 현지 사정에 밝은 저자의 장점을 최대한 살려 각 도시들의 세밀한 부분까지 친절하게 잘 설명해 놓았습니다. 백문이 불여일견이니 추천사에 귀 기울이기보다는, 독자 여러분의 눈으로 직접 책을 읽어보고 확인하시기 바랍니다.

2013년 1월 10일
서울장신대학교 신약학 교수
조광호

서문

　몇 년 전 다소에서 국제바울센터를 운영한 적이 있습니다.

　처음 다소를 방문했을 때 다소는 하루가 다르게 발전하는 다른 도시와는 달리 도시 계획에서 소외된 듯한, 6만여 명이 살고 있는 자그마한 농촌 마을이었습니다. 우리나라의 몸뻬바지 같은 것을 입고 쟁기를 어깨에 메고 걸어가는 순수한 마을 사람들을 흔히 볼 수 있었습니다.

　키는 작고 대머리요, 약간 구부러진 매부리코에다 다리는 짧으면서 굽어 있는 바울의 모습을 바로 이곳 사람들을 통해서 볼 수 있었습니다. 즉 기후와 지형이 바로 사도 바울을 연상하게 하는 생김새를 만들어 낸다는 것을 미루어 알 수 있었습니다. 그때부터 다소 지역의 기후와 지형 그리고 문화에 관심을 갖게 되었습니다.

　다소의 국제바울센터에서 가끔 외국의 고고학자들을 만났는데, 이들은 바울이 다소에 근거를 두고 복음을 증거했던 길리기아와 수리아 지방을 다니면서 바울의 흔적을 찾고 있었습니다. 그들은 성

경을 쉽게 설명하기 위해 성서지역을 다닌다고 이야기했습니다.

바울을 연구하면서 많은 분들을 알게 되었습니다. 터키인 바울 연구가, 안탈야, 다소 그리고 안디옥 고고학자, 한국성서지리연구원 홍순화 원장 등 많은 분들의 도움으로 이렇게 바울을 연구하는 책이 마무리되었습니다. 바울의 생애를 이해한다면 신약의 대부분을 이해할 수 있습니다. 그래서 바울의 출생부터 순교할 때까지의 역사 현장과 그 주변 이야기를 쉽게 풀어서 정리하였습니다.

바울의 생애는 인간적으로 그리스도인이 어떻게 인내하며 순종하는지 그 방법을 보여줍니다. 바울은 고린도후서 11장 23-27절을 통해서 험난한 사역의 모습을 표현하고 있습니다. 몸이 찢어지고 투옥되고 매맞을 때도 그는 당당했고 겸손했습니다. 전도의 기회를 놓치지 않고 포착했으며, 역경을 극복하여 전진하는 인물이었습니다.

사도 바울의 사역은 수리아 안디옥을 중심으로 시작되었다고 합니다. 회심한 이후 바울의 삶은 복음 증거의 연속이었습니다. 다메섹에서, 아라비아에서, 예루살렘에서 그리고 특별히 다소를 중심으로 길리기아와 수리아 지방에서 복음을 증거했던 바울의 모습을 찾으려고 뛰어다녔습니다. 오늘날의 터키뿐만 아니라 바울의 흔적이 있는 시리아, 레바논, 요르단, 이스라엘, 그리스, 로마, 심지어 멜리데까지 찾아가 바울이 흘렸던 땀의 현장을 글로 적어 보았습니다.

　바울을 만나면 모르는 사이에 그를 사랑하게 됩니다. 바울을 만난 사람은 누구나 바울만 만나고 끝나지 않습니다. 결국은 바울이 소개하는 예수를 만나게 됩니다. 이 책을 읽고 온전히 예수님을 만나기를 바랍니다.

　끝으로 이 책이 나오기까지 사랑과 관심을 베풀어 주신 모든 분들께 감사를 드립니다. 늘 기도와 사랑으로 후원해 주시는 이영태 님과 주위 분들, 어려울 때마다 격려해 주시는 천지항공 유재우 형님 그리고 출판을 허락해 주신 쿰란출판사 이형규 사장님과 직원 여러분께도 감사를 드립니다.

　마지막으로 어려운 환경 속에서도 밝고 자랑스럽게 잘 자라 준 두 딸 서정이와 서영이에게 사랑을 전합니다.

2013년 1월 10일
갈라디아 땅에서
이영철

차례

추천사 1_ 한국성서지리연구원장 홍순화

추천사 2_ 서울장신대학교 신약학 교수 조광호

서문

제1장 바울의 배경 ···15

1. 다소는 바울의 고향인가?
2. 바울은 언제 다소에서 태어났나?
3. 바울은 로마 시민권을 어떻게 얻었나?
4. 바울의 이름
5. 유대인 아버지가 아들을 위해 꼭 실천해야 할 5가지
6. 유대인의 교육
7. 유대인들이 사용한 문자와 언어의 변천

제2장 예루살렘으로 유학 가는 바울 ·························33

1. 바울은 왜 바리새인이 되려고 했을까?
2. 바울의 유학생활
3. 바울은 결혼했을까?
4. 스데반의 순교

제3장 다메섹, 아라비아 그리고 다소 ························41

1. 예루살렘에서 다메섹으로 가는 길
2. 바울의 회심
3. 다메섹
4. 바울의 아라비아행

    5. 다소에 돌아온 바울은 무엇을 했을까?
    6. 헬라 도시 안디옥

제4장 바울의 1차 선교여행 ················71
    1. 실루기아
    2. 구브로
    3. 구브로의 바보 항구에서 밤빌리아로 향하는 바울
    4. 버가에서 안디옥
    5. 이고니온
    6. 루스드라
    7. 더베
    8. 앗달리아
    9. 안디옥의 문제와 예루살렘 회의

제5장 바울의 2차 선교여행 ················111
    1. 바울과 바나바의 갈등
    2. 길리기아 관문
    3. 루스드라에서 디모데를 택한 바울
    4. 성령의 인도하심(갈라디아, 브루기아, 아시아, 비두니아, 무시아)
    5. 드로아
    6. 사모드라게
    7. 그리스 북부 도시
       (네압볼리, 빌립보, 암비볼리, 아볼로니아, 데살로니가, 베뢰아, 디온)
    8. 그리스 남부 도시(아덴, 고린도, 겐그레아)

    9. 에베소
   10. 가이사랴

제6장 바울의 3차 선교여행 ················163
    1. 수리아 안디옥에서 에베소
    2. 에베소
    3. 마케도니아에서의 사역
    4. 고린도에서의 3개월
    5. 드로아에서의 7일 집회
    6. 앗소
    7. 섬들 1(미둘레네 섬, 기오 섬, 사모 섬)
    8. 밀레도
    9. 섬들 2(고스 섬, 로도 섬)
   10. 바다라
   11. 지중해 해안 도시(두로, 돌레마이, 가이사랴)
   12. 예루살렘에 도착하기 전까지 급했던 바울의 여정 요약

제7장 예루살렘에서의 바울 ················211
    1. 예루살렘 교회의 환영과 조언
    2. 유대인들의 소동과 체포되는 바울
    3. 층계 위에서의 바울의 변론
    4. 공회 앞에 선 바울

제8장 가이사랴에서의 바울 ·········· 219
   1. 총독 벨릭스와 바울
   2. 총독 베스도와 바울
   3. 아그립바 2세 앞에 선 바울

제9장 로마를 향하여 ·········· 225
   1. 백부장 율리오의 호의
   2. 시돈
   3. 무라
   4. 니도
   5. 그레데 섬
   6. 가우다 섬에서 멜리데 섬까지 14일 동안의 표류
   7. 멜리데 섬

제10장 바울의 로마 입성 ·········· 237
   1. 수라구사
   2. 레기온
   3. 보디올
   4. 압비아 가도
   5. 압비오 저자
   6. 삼관

제11장 로마에서의 바울 ·············· 243
1. 마메르티눔
2. 셋집

제12장 로마를 떠난 바울 ·············· 253
1. AD 60년대 예루살렘의 상황
2. 교회들을 방문하는 바울(그레데, 에베소, 마케도니아)
3. 니고볼리

제13장 두 번째로 로마의 감옥에 갇힌 바울 ·············· 259
1. 마지막 서신인 디모데후서 작성
2. 바울의 참수터
3. 바울의 묘와 교회

로마 제국의 탄생에서 폴리캅 순교까지의 사건들 ·············· 265

참고문헌 ·············· 268

왼쪽 위 부터 차례대로 안디옥의 바울, 다마스커스의 바울, 네압볼리의 바울, 베뢰아의 바울

"너희는 외모만 보는도다"(고후 10:7).
"그 편지들은 중하고 힘이 있으나 그 몸으로 대할 때는 약하고 말이 시원치 않다"(고후 10:10).
"키는 작고 대머리요 다리는 굽었고 뻗뻗하고 치켜 올라간 눈썹, 코는 약간 구부러졌지만 그러나 매우 친밀성이 있는 사람 그는 처음에는 범인같이 보이나 다시 보면 한 천사의 얼굴을 가졌더라"(바울과 테클라 행전에서).

제1장
바울의 배경

빌립보서 3장 5절을 보면 바울은 자신을 간단하면서도 명료하게 설명합니다. "내가 팔 일 만에 할례를 받고 이스라엘의 족속이요 베냐민의 지파요 히브리인 중의 히브리인이요 율법으로는 바리새인이요."

다소의 특산물 포도(마을 입구에 포도 상이 만들어져 있다)

1
다소(Tarsus)는 바울의 고향인가?

제롬 머피 오코너(Jerome Murphy O'Connor)는 바울이 북부 갈릴리 지방의 기샬라(Gischala, 지금은 Jish)에서 출생하여 어린 시절 로마에 대항하는 민란 때 양친과 함께 다소에 노예로 끌려왔다가 후에 자유민이 되었다고 합니다. 그러나 대부분의 학자들은 성경에 쓰인 대로(행 22:3) 다소(Tarsus)를 바울의 고향으로 인정합니다.

◈ 길리기아 지방(Cilicia Province)

히타이트 제국을 일으킨 헷 족속은 오늘날 터키의 남동쪽 지역을 키즈와트나(Kizzwatna)라고 불렀습니다. 앗수르인들은 키즈와트나 지역의 서쪽을 히락쿠(Hilakku) 또는 히릭쿠(Hilikku), 동쪽을 쿠웨(Kue, 쿠웨의 수도는 지금의 Adaniya=Adana)로 나누어서 불렀습니다. 그런데 유대인들은 키즈와트나 지역을 쿠웨(Kue, 대하 1:16 NIV)라고 불렀고, 그리스인들은 길리기아(Cilicia)라고 불렀습니다.

헤로도토스에 의하면 길리기아의 이름은 페니키아 왕 아게놀(Agenor)의 아들 킬릭스(Cilix)에서 유래합니다. 포세이돈의 아들인 아게놀은 페니키아의 왕으로, 자식들로 카드무스(Cadmus), 유로파(Europa), 킬릭스(Cilix), 포에니스(Phoenix) 그리고 타수스(Thasus)가 있었습니다. 제우스가 아게놀의 딸 유로파(Europa)를 좋아하게 되어 그녀를 그레데 섬에 데려갑니다. 이후 유로파는 그레데의 첫 여왕이 되었습니다. 그리고 유로파의 형제들이 유로파를 찾아다니는데 킬릭스가 찾아다녔던 곳을 그의 이름을 따서 킬릭스의 땅, 즉 길리기아(Cilicia)로 부르게 되었습니다.

다소의 중심지

로마도 이 지역을 같은 이름, 즉 길리기아 지방으로 구분합니다. 길리기아는 라모스(Lamos, 오늘날 Limonlu) 강을 경계로 크게 서쪽과 동쪽으로 구분됩니다. 서쪽은 산악지대로 길리기아 트라키아(Cilicia Tracheia : 기복이 많은 지역), 동쪽은 비옥한 평원지대로 길리기아 페디아스(Cilicia Pedias : 낮은 지역)로 불렀으며, 동쪽 평원지대에는 3개의 강 즉, 키드누스(Cydnus), 사로스(Saros), 피라모스(Piramos)가 있었습니다.

1. 다소의 역사

다소의 교주뤼 쿨레 'Gözlü Kule' 라는 고분(Tumulus)을 발굴하면서 다소의 역사가 오래됨을 확인하게 됩니다. BC 2400년쯤 후리 족이 북쪽에서 내려와 루비인, 헷 족속과 함께 키즈와트나(Kizzwatna) 왕국을 코모나(Comona)에 세우고 주위에 도시들을 세웠는데, 그 중에 탈사(Tarsa)도 만들어집니다.

앗시리아의 왕 산헤립(BC 705-651)은 유프라테스 강이 도시 안으로 흐르는 바벨론을 생각하면서 탈사의 위치를 키드누스(Cydnus) 강변으로 옮기고 이름을 탈지(Tarzi)로 바꿉니다. 키드누스 강은 북쪽 타우루스 산맥에서 남쪽으로 탈지를 지나 18km 떨어진 늪(Lagoon, 로마 때는 Rhegma로 불림)을 통해 지중해로 흘러갔습니다. 현재는 거대한 늪이 비옥한 삼림과 목화밭으로 조성되어 있습니다. BC 401년 군인이자 저술가인 크세노폰(Xenophon)이 이곳 탈지를 지나갔는데, 그의 저서에 이곳 이름을 탈소스(Tarsos)로 언급했고, 지금 터키는 탈수스(Tarsus)라 부르고 있습니다(Levent Zoroğlu, 'A Guide to Tarsus'). 우리말 성경은 이곳을 다소라고 합니다.

알렉산더 대왕은 동방 정벌 중 다소의 키드누스 강에서 수영을 하다 감기에 걸려서 행군이 잠시 지체되었던 적이 있습니다. 알렉산더 대왕은 불편한 몸을 이끌고 아마누스 산맥 근처에 있는 이수스(Issus) 평야에서 다리우스 3세를 무찔렀습니다(BC 333). BC 67년에는 폼페이우스가 타우루스 산맥에 있던 산적들을 몰아내면서 다소는 로마의 수중에 떨어집니다. 그리고 BC 64년 길리기아 주의 수도가 되고, 나중에 로마의 키케로가 BC 50년 길리기아 주의 총독으로 일하게 됩니다.

BC 25년에 다소를 포함, 동부 길리기아는 행정적으로 시리아 주에 포함됩니다. 갈라디아서 1장 21절에 나오는 길리기아는 동쪽 길리기아를 말합니다. 그 뒤 AD 72년 길리기아의 서부와 동부가 합쳐지는데, 베스파시아누스 황제(AD 69-79) 이후 길리기아의 수도는 수리아 안디옥으로 옮겨가지만 그래도 다소는 계속해서 번영합니다.

다소의 시내를 북에서 남으로 관통하는 키드누스 강

　다소의 북쪽에는 아주 높은 타우루스 산맥이 있는데, 이 산맥이 북쪽과 남쪽의 공기 흐름을 막아, 여름에는 다소에 뜨거운 더위를, 겨울에는 많은 양의 비를 가져다주었습니다. 특히 겨울의 많은 비는 시내를 관통하는 키드누스 강물의 범람으로 이어져 다소 시민들에게 큰 피해를 입혔습니다. 유스티니아누스 황제는 범람을 막기 위해 두 개의 외곽 수로를 만들어 시내 밖으로 물을 내보냈습니다. 이후로 홍수 피해는 줄어들었지만 키드누스 강 하류에 있던 항구와 늪이 없어지고 지금은 비옥한 삼림, 목화밭 그리고 과수원 등으로 사용이 되고 있습니다.

2. 다소의 특징

1) 교통의 요지

　소아시아의 동서를 연결하는 내륙 도시이며 지중해의 배들이 오고가는 항구 도시였습니다. 즉 시리아와 메소포타미아에서 소아시아의 서쪽 지역으로 가기 위해 타우루스 산맥을 넘어야 했는데, 산맥 밑에 다소가 있었기에 많은 사람들이 왕래했습니다. 또한 내륙의 더위나 산적들의 위험을 피해 배를 타고 다소에 들어오는 사람들도 많았습니다. 지형적인 여건으로 인해 동방과 서방을 오가는 사람들은 반드시 다소를 거쳐야 했습니다.

2) 스토아 학파의 중심 도시

스토아 교의는 "발생한 모든 것은 신의 뜻과 일치한다"는 것으로 일명 규칙적인 철학, 금욕주의적, 합리주의적 철학의 중심지였습니다. 또한 수사학의 도시요, 교육과 철학의 도시였습니다. 학문을 탐구하는 많은 이들이 다소를 중심으로 활동하고, 특별히 다소 출신인 스토아 철학자 아테나도루스(Athenadorus)가 있었습니다. 그는 아우구스투스 황제의 스승으로 자문 역할을 했는데, 황제가 화가 나면 말과 행동을 하기 전에 알파벳을 한 번 외우라고 가르쳤던 사람으로 유명합니다.

3) 풍토병

지중해성 기후를 가지고 있고, 아프리카와 중동에서 올라오는 더운 열기와 대륙의 고기압이 다소의 북쪽에 있는 타우루스 산맥을 중심으로 만나면서 여름에는 건조한 더위가, 겨울에는 뼈를 시리게 하는 추위가 형성되었습니다. 이런 환경으로 인해 다소에는 옛날부터 뼈와 관계된 병들이 생겨났습니다. 지금도 허리 디스크 환자가 두 가정당 한 명꼴로 발생하고 있고, 또한 턱의 기능을 돕는 세포가 뼈에서 떨어져 나가면서 밥을 못 먹는 사람들이 생기고 있습니다.

필자도 다소에 살던 초기에 허리 디스크 증세가 발병하였습니다.

코모나(Comona, 오늘날 Şarköyü)

키즈와트나 왕국(Kingdom of Kizzwatna)의 수도로, 아다나의 북쪽에 있는 투판벨리(Tufanbeyli) 지역에 흔적이 남아 있습니다. 키즈와트나 왕국은 헷 족속이 활동하던 시절 길리기아 지역을 통치한 왕국으로 알려져 있고, 왕국의 여자들이 헷 왕국으로 시집을 많이 갔습니다.

타우루스 산맥(Taurus Mountains, 오늘날 Toros Mountains)

타우루스 산맥은 길리기아 지방의 북쪽에 놓여 있고, 루비인(Luwian)의 언어로는 '고귀한 어머니 여신'(Yüce Ana Tanrıçası), 그리스 언어로는 '황소'(Boğa)라는 뜻을 가지고 있습니다(Bilge Umar, 'Türkiye'deki Tarihsel Adlar'). 산맥을 넘어가는 많은 사람들의 휴식처로 활용되었던, 그리고 바울이 태어난 다소가 바로 산맥 밑에 있습니다.

다시스(Tarshish)

다시스는 야완의 아들이고 또한 그들이 거주한 지방명입니다. 특히 항구도시로 설명되고 있습니다. 이 땅은 금속 생산과 가공으로 유명했는데, 베니게인들이 이를 개발, 교역하였습니다. 또한 이 땅과의 교역과 금속을 운반하기 위해 다시스의 배들을 사용하였습니다(왕상 10:22). 성경에 보면, 요나는 욥바에서 배를 타고 다시스로 도망치려고 했습니다(욘 1:3).

다시스는 어디일까?

① 스페인의 남부 항구도시 탈테수스(Tartessus)
② 이탈리아의 섬 사르디니아(Sardinia)

③ 북부 아프리카의 카르타고(Carthago)

④ 바울의 고향 다소(Tarsus)로 추정합니다.

선지자 요나가 물고기에서 나와 도착한 내륙 장소

① 터키의 이스켄더룬(Iskenderun) 해안 : 터키의 남동쪽 이스켄더룬의 해안에 가면 '요나의 기둥'(Pillar of Jonah)이라는 장소가 있습니다. 요나가 물고기에서 나와 바로 이곳으로 떠밀려 왔다고 합니다.

② 레바논의 나비 요네스(Nabi Younes) 마을 : 베이루트에서 시돈으로 가면 해안가에 나비 요네스 마을이 있는데, 요나가 물고기에서 나와 이 마을 해안에 도착했다고 합니다. 또한 모스크 안에는 요나의 무덤이 있습니다.

3. 다소의 유적들

1) 바울의 생가

유리로 보호하고 있는데, 셀축 시대에 만들어진 건물의 흔적입니다. 더 밑으로는 로마 시대 때의 건물 흔적이 있는데, 조그마한 예배당이 있다고 합니다. 이 예배당은 바울이 태어난 생가에 세워진 것으로 보입니다. 또한 생가 옆에 우물이 있는데, 1997년까지 사람들이 이 우물에서 물을 길어 먹었다고 합니다.

2) 로마의 길

헬레니즘 후반기에 만들어진 것을 로마 때 확장한 것입니다. BC 100-AD 300년 정도까지 사용된 길로 추정합니다. 대로는 현무암으로 덮였고, 양끝으로 하수로가 있으며 도로 밑에는 수로도 있습니다.

3) 클레오파트라의 문

원래는 다소의 남문으로 지중해를 통해 들어온 배들이 남문 근처의 항구에 도착하게 됩니다. 항구에 도착한 사람들은 남문을 통해 시내로 들어갑니다. BC 41년 클레오파트라가 이집트에서 다소로 왔을 때 이 문을 통해 시내로 들어왔는데 이것을 기념하여 '클레오파트라의 문' 이라고 전해집니다.

4) 키드누스 강(Cydnus River)

다소의 시내를 북쪽에서 남쪽으로 관통했던 강입니다. 알렉산더 대왕이 동방 원정 길에 이곳에 들러 물놀이를 했다는 기록이 있고, 바울이 어린 시절 이 강에서 여름을 지냈다고 추측할 수 있습니다.

5) 바울의 회심 기념 교회

AD 1080년 이후 아르메니안들이 길리기아 지역에 들어와 20세기 초까지 살았는데 아르메니안들이 18세기 말에 바울을 기념해서 세운 교회입니다.

6) 다소 북쪽의 도로

Via Tauri라고 하는데, 다소에서 길리기아 관문까지 연결된 도로의 이름입니다. 도로가 언제 만들어졌는지 정확한 자료는 없지만, 마르쿠스 아우렐리우스 황제(Marcus Aurelius, AD 161-180) 때에, 또는 카라칼라 황제(Caracalla, AD 217) 때에 만들어졌을 것으로 추정합니다.

7) 다니엘의 무덤

① 다소의 마캄(Makam)이라는 지역의 모스크 안에 다니엘의 무

덤이 있다고 합니다.

② 이란의 수사(Susa) 근처에 있는 모스크 안에 다니엘의 무덤이 있다고 합니다.

2
바울은 언제 다소에서 태어났나?

일반적으로 갈리오가 51년 아가야 총독이 되었을 때를 중심으로 바울의 연대를 계산합니다.

아가야 총독 갈리오(Gallio)는 본명이 마르쿠스 안네우스 노바투스(Marcus Annaeus Novatus)로서 코르도바 출신이고, 스페인의 뛰어난 수사학자이며 갑부인 마르쿠스 안네우스 세네카(BC 50-AD 40)의 아들입니다. 또 스토아 철학자, 정치가, 희곡 작가인 루키우스 안네우스 세네카(BC 4-AD 65)의 동생이었습니다. 그는 로마 황제 글라우디우스의 통치 기간(AD 41-54) 중에 로마로 가서 로마의 수사학자 루키우스 유니우스 갈리오(Lucius Junius Gallio)의 양자가 되었으며, AD 51년 아가야의 총독이 되었습니다(권오현, 《바울의 생애》).

1. 예루살렘 회의

사도행전 18장 18절, 바울이 법정에 선 이후 "여러 날" - '얼마 후'로 해석합니다. 즉 고린도에서 법정에 서기 전 1년 6개월과 며

칠을 더하면 1년 6-7개월을 고린도에 머물렀다고 추정할 수 있습니다. 그래서 51년에서 1년 6-7개월을 빼면 49년이 되고, 이때 바울이 고린도에 도착했다고 볼 수 있습니다. 예루살렘 회의는 그 전이니 48-49년 사이가 됩니다.

2. 회심 후 첫 번째 예루살렘 방문

갈라디아서 2장 1절, "십사 년 후에……다시 예루살렘에 올라갔노니"라고 했습니다. 다시 말하면, 처음 예루살렘을 방문한 14년 뒤 다시 예루살렘을 방문했고, 이때 예루살렘 회의가 개최되었습니다 (48-49년). 역으로 말해, 48년 또는 49년에서 14년을 빼면, 35-36년 사이에 바울은 회심 후 처음 예루살렘을 방문한 것입니다.

3. 회심

갈라디아서 1장 18절, "그 후 삼 년 만에", 다시 말해 예루살렘 첫 번째 방문은 회심 후 3년이므로, 바울이 다메섹 도상에서 회심한 때는 35년 또는 36년에서 3년을 빼면 됩니다. 즉 33-34년쯤이 됩니다.

4. 스데반의 순교

사도행전 26장 10절, "예루살렘……권세를 얻어……죽일 때에 내가 가편 투표를 하였고"라는 구절을 근거로 바울이 산헤드린 공회 회원이었는지는 확실하지 않지만, 스데반을 죽일 때 바울은 유대인 사회에서 어느 정도 중요한 위치에 있었다는 것입니다.

첫째, 유대교의 전통에 따르면, 제사장 역할을 하려면 적어도 30세 이상이 되어야 했습니다. 예수님의 죽음(30년)과 바울의 회심(33-34년) 사이에 스데반의 순교가 있었는데, 그때 바울이 30세였다고 하면 바울은 AD 1-4년 사이에 태어난 것입니다.

둘째, 사도행전 7장 58절에 보면 스데반이 순교할 때 바울을 청년으로 소개합니다. 당시 청년의 나이는 24-40세를 말합니다. 스데반의 순교 때 바울이 24세였다면 AD 6-9년에 태어난 것입니다. 결론적으로 바울은 AD 1-10년 사이에 다소에서 태어났습니다.

3
바울은 로마 시민권을 어떻게 얻었나?

첫째, 돈을 주고 사는 방법, 둘째, 24년 이상 로마군에서 복무했을 때, 셋째, 로마에 공헌이나 충성한 공적이 있을 때 시민권을 얻을 수 있었습니다.

그렇다면 바리새파의 강경파였던 바울의 조상이 어떻게 로마의 시민권을 얻었을까요? 돈을 주고 사거나 로마 군대에 들어가 복무를 하는 것은 현실적으로 불가능하고, 로마에 공헌이나 공적을 세워 시민권을 얻었을 것으로 생각할 수 있습니다. 그 이유는 유대인의 율법상의 편의주의가 있기 때문입니다. 즉 유대인은 율법과 전통을 유지할 수 있으면 어떤 세력이든 거부하지 않았습니다. 다소에 거주했던 바울의 조상은 어떤 공을 세웠기에 로마로부터 시민권을 받을 수 있었을까요?

〰️ 두 가지의 사건이 있습니다.

첫째, 안티오쿠스 4세 에피파네스(Antiochus 4 Epiphanes)가 그의 정부 안티오키스(Antiochis)에게 다소(Tarsus)와 말로스(Mallos : 피라모스 강 하류에 있는 항구 마을)를 BC 171년에 선물로 주었는데, 그때 다소를 자유도시로 만들고 유대인들을 이주시켜 시민권을 주었습니다. 이때 바울의 조상이 시민권을 받았을 것으로 추정합니다.

둘째, 시리아 총독 카시우스(Casius)는 빌립보로 전투를 하러 갈 때 다소를 지나갑니다. 그런데 다소로부터 도움을 받지 못해서 다소를 불태우는 일이 생깁니다(BC 43년). 그 후 BC 42년 빌립보 전투 때 안토니우스와 옥타비아누스가 승리를 하고 다소의 공을 인정하여 조세 감면의 혜택을 부여하고 뒤에 자유도시로 승격시켰고, 이때 로마 시민권도 부여했습니다. 아마도 이때 바울의 조상이 시민권을 받았을 것으로 추정합니다(권오현, 《바울의 생애》).

4
바울의 이름

로마 시대에 아기가 태어나면 30일 이내에 출생신고를 하였습니다. 일반적으로 로마 시민권자는 대개 3중 이름을 사용하였습니다. 특별한 일이 없는 이상 바울의 이름도 3중 이름을 따랐을 것으로 봅니다. 즉 유대 이름 사울과 헬라 이름 바울, 그리고 가문을 해방시켜 준 로마인의 성을 가졌을 것으로 봅니다.

5
유대인 아버지가 아들을 위해 꼭 실천해야 할 5가지

첫째, 할례를 받게 합니다. 둘째, 속죄를 위해 성전에 데리고 갑니다. 셋째, 율법을 가르칩니다. 넷째, 기술을 전수합니다. 다섯째, 아들을 위해 아내를 정합니다(BC 29년 유대 고전 율법서에 보면, 아들이 20세에 이르기 전까지 결혼을 안 하면 하나님이 벌을 내리신다고 했습니다).

적어도 바울의 부모가 평범한 유대인이었다면 위의 다섯 가지를 실천했을 것입니다. 바울의 부모는 평범한 유대인이 아닌 경건하고 신실한 유대인이었기에 반드시 다섯 가지를 실천했을 것으로 생각할 수 있습니다.

6
유대인의 교육

아기가 태어나면 5세까지 엄마 무릎에서 구약을 들으면서 자랍니다. 6-12세에는 회당의 의무교육에 참여하고, 13세에 성인식과 함께 직업교육을 받게 됩니다. 15세가 넘어서면서 바울은 가말리엘 1세(Gamaliel 1)의 문하생으로 예루살렘에서 고등교육을 받습니다. 고등교육은 학제가 정해져 있는 것이 아니고 가말리엘 1세의 제자로서 배우고, 배운 것을 다른 이들에게 가르치는 삶을 살게 됩니다. 참고로 랍비 시스템은 AD 200년경에 정착되었습니다.

길리기움(Cilicium) 천막

흑염소의 머리털로 만든 흑염소 천막으로 다소에서 유명하였습니다. 사도행전 18장 1-3절에 보면 바울을 '장막 만드는 자'(tent-maker)로 묘사하고 있습니다. 아마도 바울은 어렸을 때 고향에서 유명했던 길리기움 천막 만드는 기술을 배웠을 것으로 추정할 수 있습니다.

가말리엘 1세(Gamaliel 1)

성경에 나오는 가말리엘은 가말리엘 1세를 말합니다. 가말리엘 1세의 할아버지는 힐렐로, BC 60-AD 20년 당시 민간에 구전된 율법을 체계적으로 연구한 탁월한 학자였고, 아버지는 성경에 의롭고 경건한 자(눅 2:25)로 소개된 시므온입니다.

가말리엘 1세는 할아버지 힐렐 때부터 가문 대대로 내려오는 경건한 신앙과 신학을 이어받아 예루살렘 최고의 유대인 율법학자가 되었습니다. 율법

해석에 엄격한 샴마이(Shammai) 학파와는 달리 율법 해석에 온건한 입장을 취한 힐렐(Hillel) 학파의 대표적인 인물로서 안식일, 이혼 등에 대해 자유롭고 온건한 견해를 가졌습니다. 출중한 학문과 능력으로 인해 예루살렘 백성들에게 높임을 받았고 사도 바울도 그의 문하생이 되었습니다(행 22:3). 가말리엘 문하생을 거치지 않고는 AD 1세기 당시 이스라엘 사회에서 영향력을 끼칠 수 없을 정도였습니다.

7
유대인들이 사용한 문자와 언어의 변천

1. 바벨론 포로 이전

히브리 문자 성경과 히브리 언어를 사용하였습니다.

2. 바벨론 포로 이후

히브리 문자 성경과 아람어를 사용합니다. 즉 나라가 망한 후 지역에 널리 사용되던 아람어를 사용하게 되면서 점점 히브리 언어를 잊어버리게 되었습니다. 그렇지만 유대인들의 곁에는 히브리 문자로 된 성경이 있었습니다.

3. 헬레니즘 시절

히브리 언어를 모르는 유대인들이 많아지면서 70인역을 많이 사용하게 됩니다. 그래서 성경으로 두 가지, 즉 히브리 문자 성경과 헬라어 문자 성경(70인역)을 사용하였고, 언어로는 아람어와 헬라어를 사용하게 됩니다.

70인역(셉투아진트)

BC 3세기 말경 책 읽기를 좋아했던 프톨레마이오스 2세가 알렉산드리아에 있던 대부분의 책을 읽고 난 후 유대인들에게 책이 있다는 소식을 듣고 헬라어로 번역할 것을 요청했습니다. 유대인 지도자들은 노예생활을 하는 유대인 10만 명을 풀어주는 것을 담보로 각 지파에서 6명씩 뽑아 총 72명이 모여 두루마리로 돌아다니던 히브리 성경을 헬라어로 번역하였습니다. 이것이 70인역입니다. 이는 BC 280년경에 완성되었다고 합니다. 예수님 당시 이 성경이 있었고, AD 90년경 얌니아 랍비회의에서 오늘날의 구약 39권 목록이 확정되었습니다(이때는 신약의 서신이 거의 완성되는 시기였고, AD 397년 카르타고 공회에서 신약 27권을 정경으로 채택하게 됩니다).

4. 그렇다면 바울은 어떤 언어를 구사했을까?

첫째, 다메섹 도상에서 주님을 만날 때 히브리 방언인 아람어를 사용하고 있습니다(행 26:14).

둘째, 예루살렘에 있는 청중에게 아람어로 연설을 하고 있습니다(행 21:40).

바울은 어린 시절 헬라 지역에서 태어나 자란 헬라파 유대인이라고 할 수 있지만, 그는 헬라파가 아니라 철저한 히브리인입니다. 회당에서 히브리 문자와 언어를 배우고 일상생활에서 아람어와 헬라어를 사용한 바리새파 히브리인입니다. 빌립보서 3장 5절을 보면, 바울 자신은 "내가 팔 일 만에 할례를 받고 이스라엘의 족속이요 베냐민의 지파요 히브리인 중의 히브리인이요 율법으로는 바리새인이요"라고 고백합니다.

제2장
예루살렘으로 유학 가는 바울

바울은 가말리엘 1세의 문하생으로 예루살렘에서 공부를 하게 됩니다. 가말리엘 1세의 문하생이 된다는 것은 바리새인이 된다는 뜻입니다. 즉 바울은 바리새인이 되기 위해 예루살렘에 있는 가말리엘 1세의 문하생이 되었습니다.

바리새인들의 정신적인 후예 하시딤

1
바울은 왜 바리새인이 되려고 했을까?

그 당시 바리새인은 단체생활을 하면서 율법 연구를 하였고, 특히 의식을 중요시했습니다.

바울은 왜 바리새인이 되려고 했을까요? 대부분 바리새인이 된 사람들의 목적은 진정한 유대인이 되는 것이었습니다. 진정한 유대인은 '하나님의 말씀을 배워 알고, 그것을 지켜 행하는 자'라고 생각했습니다. 이것은 바벨론 포로 시절을 경험하면서 깨달은 교훈입니다.

첫째, 과거에 하나님의 말씀을 몰랐기에 불순종했고, 둘째, 그래서 우상숭배를 했는데, 셋째, 그때 하나님께서 유대인들에게 벌을 주셨다는 것입니다.

그 벌이 이스라엘의 멸망이요, 바벨론 포로생활이었다는 것입니다. 하나님의 말씀을 알고 지켜 나가는 길이 벌을 받지 않는 길이요, 진정한 유대인이 되는 길이라는 것을 깨달은 것입니다. 바울도 진정한 유대인이 되기 위해 바리새인이 되기로 결심했고, 그래서 예루살렘으로 유학을 온 것입니다. 바울은 유학 생활을 시작하고 그리스도인이 되기까지 약 20년 동안 바리새인으로 살았습니다.

맨슨(T. W. Manson)은 예수님 당시 바리새인들이 적게는 약 300명, 많게는 약 6,000명이었다고 언급하고 있습니다. 요세푸스도 6,000명이라고 이야기합니다. 오늘날 '하시딤'이라는 사람들이 검은 옷을 입고 예루살렘 통곡의 벽에서 기도하는 것을 볼 수 있는데, 사상적인 뿌리로 보면 이들은 바리새인들의 정신적인 후예라고 볼 수 있습니다.

2
바울의 유학생활

BC 1세기경, 바리새인들 사이에 두 개의 경쟁적인 학파가 생겨나게 되는데, 이들은 율법에 대한 상이한 해석을 보여주었습니다.

첫째, 샴마이(Shammai)가 주도하는 학파 : 지극히 전통적이며 타협을 불허하는 보수주의적 학파입니다.

둘째, 힐렐(Hillel)이 주도하는 학파 : 율법을 실제 생활과 조화시켜 해석하려고 하였습니다.

누가복음 11장 46절에 보면, 지기 어려운 짐을 사람에게 지우고 자신은 한 손가락도 움직이려 하지 않는 율법사가 있습니다. 이들이 샴마이의 추종자로 보입니다. 극단적인 샴마이 학파의 입장은

예루살렘에 있는 산헤드린과 성전의 모형

율법의 일점일획도 모두 성취할 것을 고집하였습니다. 바울은 샴마이 학파가 아닌 힐렐 학파, 다시 말하면 힐렐의 손자인 가말리엘 1세(Gamaliel 1)로부터 교육을 받게 됩니다. 가말리엘 1세는 산헤드린 공회 회원으로 사도들의 복음 전파에 너그러운 입장을 취하여(행 5:38-39) 초기 복음 확장에 간접 영향을 끼쳤습니다.

산헤드린(Sanhedrin, 공회)

예루살렘에 있었던 유대인들의 최고 의회인 의결기관으로 대제사장 1명, 사두개인 24명, 장로(족장 혹은 지주) 24명, 바리새인 24명, 총 71명으로 구성되어 있었습니다. 산헤드린은 AD 20-30년에 성전 안에서 모였고, 이후에는 성전 옆에 있는 바실리카의 로얄 스토아(Royal Stoa)에서 모임을 가졌습니다. 그러나 AD 70년, 예루살렘이 멸망한 후 산헤드린은 없어졌습니다(F. Belo, 《예수시대의 민중운동》).

산헤드린은 안식일과 축일을 제외하고는 매일 열렸는데, 예수님이 바로 이 산헤드린 앞에 섰습니다(마 26:59). 베드로, 요한 그리고 바울도 여기서 심문을 받았습니다(행 4:5-15, 22:30).

3
바울은 결혼했을까?

고린도전서 7장 8절에서 "나와 같이 그냥 지내는 것"이라는 구절을 통해 두 가지 가능성을 생각할 수 있습니다. 첫째는 결혼을 안 했을 가능성, 둘째는 결혼을 했으나 지금은 혼자 산다는 가능성입니다.

첫째, 유대인의 전통에 의하면, 결혼을 말할 때 에덴 동산에 있었던 아담과 하와를 언급합니다. 하나님은 에덴 동산에서 결혼해서 살아가는 인간을 원하신다는 것입니다. 그래서 유대인들은 결혼을 긍정적으로 보며 대부분의 랍비는 결혼을 합니다. "생육하고 번성하라"는 말씀에 따라 남자가 18세가 되면 결혼할 것을 권장합니다. 유대인들은 지금도 대가족을 이루면서 살고 있습니다.

둘째, 에베소서 5장 22-33절에 보면 교회와 그리스도의 관계를 아내와 남편의 비유로 설명하고 있는데, 결혼을 안 했다면 어떻게 결혼에 유비시켜 말할 수 있겠냐고 합니다. 디모데전·후서, 디도서에서 감독과 장로가 되기 위한 조건들이 나오는데 아내 한 명을 둔 가정을 가져야 한다고 말하고 있습니다. 지도자가 되기 위해서는 가정이 필수라고 역설하고 있는 것입니다.

바울은 진정한 유대인이 되기 위해 바리새인이 되기로 결심했고, 그래서 예루살렘에서 유학생활을 했던 바리새인 중의 바리새인이었습니다. 그래서 바리새인이었던 바울은 반드시 유대인의 전통을 지키려고 열심을 내었을 것이고, 결국 바울도 20세 이전에 결혼했을 가능성이 높다는 것입니다.

4
스데반의 순교
(AD 30-32)

오순절 성령 강림 이후 사도들과 제자들은 복음을 전파하고 믿는 성도들이 많아지면서 7명을 집사로 선출합니다.

사도와 제자들은 유대인 관습에 따라 예루살렘 성전에서 제사를 드리고, 회당에서 복음을 전하고 있었습니다. 스데반이 한 회당에서 일어난 논쟁에 참여했는데(행 6:9) 이것이 화근이 되었습니다.

스데반은 신성모독의 죄명으로 산헤드린(공회)으로 끌려갑니다(행 6:11-12). 스데반의 변론에 성난 유대인들은 스데반을 성전의 북쪽 문 밖으로 끌고 가 처형의 바위에서 손과 발을 묶고 먼저 머리에 돌을 던져 의식을 잃게 한 후 돌로 쳐서 죽였습니다. 이때 증인들이 옷을 벗어 바울의 발 앞에 두었습니다.

이후 예루살렘 교회에 큰 핍박이 일어나서 "사도 외에는 다 유대와 사마리아 모든 땅으로 흩어지니라"(행 8:1)고 상황을 설명하고 있습니다. 예루살렘 교회의 헬라파 성도들은 바깥으로 피신하고 히브리파 성도들만 남게 되었습니다. 그러나 예루살렘이 멸망한 이후 AD 135년, 하드리안 황제는 예루살렘에서 유대인들을 쫓아내게 됩니다(F. F. 브루스, 《바울 신학》).

초대교회의 일곱 집사

집사라는 표현은 사도행전 6장에서 처음 나오는데, 예루살렘 교회의 사도들이 기도와 말씀 전하는 일에 전념하기 위해서 가난하고 어려운 교인들을

스데반의 순교를 기념하는 기념교회

물질적으로 돌보는 구제 사업을 맡을 일곱 집사를 선택하게 됩니다(행 6:1-6). 일곱 집사 중에 스데반 집사는 예루살렘에서 순교를 하였고, 빌립 집사는 사마리아에 내려가 복음을 전하고, 에디오피아 여왕 간다게의 국고를 맡은 내시에게 전도하고 침례를 주었습니다. 브로고로 집사는 사도 요한이 밧모 섬에서 계시를 받을 때 계시의 말씀을 받아 적었습니다. 니골라 집사는 이후에 교회를 어지럽혔던 이단 니골라당과 관련이 있습니다. 나머지 세 집사에 대해서는 특별한 기록이 없습니다.

일곱 집사는 그 당시 교회와 성도들에게 많은 영향을 끼쳤던 이들입니다.

제3장
다메섹, 아라비아 그리고 다소

바울은 예루살렘에서 다메섹으로 가는 도중 주님을 만나 회심을 하고,
다메섹에서 머물 때 사건이 일어나 아라비아로 갔었고,
나중에 예루살렘을 거쳐 고향인 다소로 내려가게 됩니다.
약 10년 동안의 바울의 행적은 우리에게 잘 알려져 있지 않습니다.

수리아 지방의 고대 흙집

1
예루살렘에서 다메섹으로 가는 길

예루살렘에서 다메섹까지의 거리는 220km로, 걸어서 약 일주일 걸립니다.

먼저 예루살렘을 출발한 바울은 유대 사막을 거쳐 여리고 오아시스까지 내려갑니다. 그리고 해수면보다 369m가 낮은 남쪽 요르단 계곡에서 북쪽을 향해 3-4일 올라가면 갈릴리 바다에 도착하게 됩니다. 이곳이 다메섹까지 가는 중간 지점입니다.

갈릴리 바다를 지나면서 요르단 동안으로 경로가 바뀌는데, 무수한 야생생물이 서식하는 광활한 늪 언저리를 지나가게 됩니다. 골란 고원까지 깎아지른 언덕길을 오르고 나서, 가이사랴 빌립보(Caesarea Philippi)를 지나갑니다. 그 산 언덕에는 조그마한 마을들이 있고 하우란의 비옥한 평야로 내려서면서 저 멀리 다메섹이 시야에 들어옵니다.

바울은 다메섹에 도착하기 전 하우란 평야의 어느 지점에서 주님을 만나게 됩니다.

2
바울의 회심
(AD 33-34)

"사울아 사울아 네가 어찌하여 나를 핍박하느냐"(행 9:4).

바울은 다메섹에 도착하기 전 주님을 만납니다. 현재 바울이 주님을 만난 회심 장소로 두 지역이 추정되고 있습니다.

1. 추정되는 회심 장소

1) 코아캅에 있는 바울의 회심 기념 교회

다마스쿠스에서 헤르몬 산 쪽으로 난 옛 도로를 타고 18km 정도 가면 알 키스와(Al kiswa)의 코아캅(Kokab / Artoz) 지역이 있습니다. 이곳이 바로 바울이 기세등등하게 그리스도인들을 잡기 위해 다메섹으로 오다가 예수님의 빛을 보고 말에서 떨어진 곳입니다.

이곳에 가면 오른쪽으로 다마스쿠스가 보이고 앞쪽으로는 눈 덮인 헤르몬 산과 그 옆에 골란 고원이 보이는데, 아주 한가로운 농촌의 들녘이 펼쳐져 있습니다. 이 들녘 한가운데 러시아 정교회의 지원을 받아 현대식으로 지어진 바울의 회심 기념 교회가 있습니다. 교회 안에 들어가면 바울이 말에서 떨어지는 아이콘과 예수님의 12제자들의 초상화가 그려져 있습니다. 밖으로 나오면 바울이 떨어진 장소로 추정되는 곳이 있습니다.

바울이 주님을 만났던 코아캅에 세워진 회심 기념 교회

2) 구 다메섹의 남동쪽에 있는 바울의 회심 기념 교회

직가 거리의 동쪽 문에서 남쪽으로 약 1km 떨어진 퀴스 벤 사이든(Qiss Ben Saiden) 거리에 바울의 회심 기념 교회가 있습니다. 교회 뒤쪽으로 가면 바울이 낙마한 장소가 있고 그곳에 기념 예배당을 만들어 놓았습니다.

2. 주님을 만난 바울

"사울이 땅에서 일어나 눈은 떴으나 아무것도 보지 못하고 사람의 손에 끌려 다메섹으로 들어가서 사흘 동안을 보지 못하고 식음을 전폐하니라" (행 9:8-9).

바울에게 큰 사건이었습니다. 30여 년 동안 앞만 보고 달려왔던

구 다메섹의 남동쪽에 있는 또 다른 바울의 회심 기념 교회

바리새인의 삶이 한순간에 물거품이 되어 버리는 아픔을 맛보았습니다. 바울은 이곳에서 바리새인의 삶을 포기합니다. 왜냐하면 주님께서 사명을 주셨기 때문입니다. 바울은 주님에게서 사명을 받았습니다. 즉 사도직의 소명입니다. "그 아들을 이방에 전하기 위하여 나를 부르신다"(갈 1:16)고 함으로써 그의 체험은 사도로 부르시되 이방인의 사도로 세우셨다고 할 수 있습니다. 바울은 나중에 "베드로는 할례받은 이에게, 자기는 할례받지 않은 이에게 복음을 전하기 위하여 세우심을 받았다"(갈 2:7-8)고 합니다. 바울은 그의 서신에서 자신이 이방인의 사도가 됨을 누차 강조하고 재확인합니다.

바울의 선교전략은 도시 중심

① 예수님은 다메섹 도상에서 바울에게 말씀하셨습니다. "네가 일어나 성으로 들어가라 행할 것을 네게 이를 자가 있느니라"(행 9:6).

② 예수님이 승천하실 때 제자들에게 말씀하셨습니다. "위로부터 능력을 입히울 때까지 이 성에 유하라"(눅 24:49).

예수님께서는 복음의 전파를 성에서 시작할 것을 분부하셨습니다. 그래서 바울의 선교여행을 보면, 도시를 중심으로 복음을 전파한 것을 볼 수 있습니다. 첫 번째 전도기지는 다메섹, 두 번째는 다소였습니다. 성경에는 다소에 대해 설명이 별로 없습니다. 그런데 바울은 바나바의 요청으로 안디옥에 갈 때까지 다소를 중심으로 수리아와 길리기아 지방을 다니면서 복음 전도를 했습니다. 세 번째는 안디옥, 네 번째는 고린도, 다섯 번째는 에베소, 여섯 번째는 로마입니다.

3
다메섹
(Damascus, 오늘날 Şam)

"사울이 땅에서 일어나 눈은 떴으나 아무것도 보지 못하고 사람의 손에 끌려 다메섹으로 들어가서 사흘 동안을 보지 못하고 식음을 전폐하니라" (행 9:8-9).

1. 다메섹의 역사

당시 다메섹은 안티 레바논 산맥이 남쪽으로 뻗어 내려가는 동쪽 산기슭에 자리 잡은, 물이 풍부한 오아시스 지역입니다. 해발

2,000m 이상 고지의 안티 레바논 산맥의 눈 녹은 물이 흘러서 이루어진 바라다 강변(구약의 명칭은 '다메섹 강 아마나와 바르발'(왕하 5:12)]에 위치하고 있습니다. 멀리 안티 레바논 산맥의 남쪽 끝에 최고봉인 헤르몬 산(2,814m)이 보입니다.

다메섹은 고대로부터 지정학적 위치로 인하여 군사적으로, 상업적으로 그리고 종교적으로 아주 중요한 역할을 하였기에 동쪽과 서쪽에서 온 사람들로 항상 붐볐습니다. 성경에 보면 아브라함의 상속자인 엘리에셀은 바로 이곳 다메섹 출신입니다(창 15:2). 바울 시대에는 이곳에서 자유롭게 종교 생활을 할 수 있었기에 적어도 15,000명 이상의 유대인들이 들어와 율법에 얽매이지 않고 자유롭게 살았습니다.

2. 다메섹에서의 바울

앞을 못 보는 바울을 동료들이 데리고 다메섹에 들어와 '좁은 길'이라 불리는 길가(다르브 알 무스타킴, Darb al-Mustaqim)에 있는 유다의 집에 머무르게 합니다. 이때 아나니아가 찾아와 바울을 위해 기도했고, 바울은 그때 시력을 다시 찾아 세례를 받았습니다(행 9:17-18).

바울은 몸의 건강을 찾고 즉시로 각 회당에서 예수가 하나님의 아들이심을 전파합니다. 여러 날이 지나고 불만을 품은 사람들이 바울을 잡으려 하기에, 바울은 밤중 성벽에서 광주리를 타고 탈출하게 됩니다.

3. 다메섹의 유적들

1) 직가 거리(Straight Street)

오늘날 다메섹(다마스쿠스) 시 안에 있는 거리입니다. 다마스쿠스 시의 동쪽과 서쪽을 연결하는 약 1.6km의 곧은 거리입니다. 이 거리를 중심으로 많은 상점들이 있습니다. 주님을 만난 뒤 앞을 못 보게 된 바울은 이곳 직가 거리로 오게 됩니다.

2) 아나니아 교회

직가 거리의 동쪽 지역에 아나니아의 집이 있었습니다. 아나니아(Ananias)는 하나님의 말씀을 듣고 유다의 집에 있던 바울을 찾아갑니다. 그리스 전통에 의하면 아나니아는 다마스쿠스 출신으로 예수님이 선택한 70명(눅 10:1)의 제자들 중 한 명입니다. 스데반이 죽고 난 후 고향으로 돌아와 다메섹의 첫 번째 주교가 됩니다. 나중에

구 다메섹 도시의 동쪽과 서쪽을 연결하는 직가 거리

리시니우스 총독(Licinius Governor)에 의해 체포되어 다마스쿠스 밖에서 돌에 맞아 순교했다고 합니다. 이후 아나니아의 집은 교회로 바뀌었다고 합니다. 교회의 문을 통해 밑으로 2m 내려가면 로마 시대의 바닥이 나타나고 그곳이 아나니아의 집입니다.

3) 유다의 집

직가 거리의 중간, '좁은 길'이라 불리는 길가에 있는 유다의 집에 머물고 있던 바울에게 아나니아가 찾아옵니다. 아나니아는 눈이 보이지 않는 바울을 위해 기도하고 안수를 했고, 이에 바울은 눈의 시력을 회복하고 세례를 받았습니다.

4) 바울 기념 교회(일명 광주리 교회)

구 다메섹 시의 남동쪽에 위치하고 있습니다. 복음을 전하는 바울에게 불만을 품은 사람들이 바울을 잡으려고 했고, 시리아 정교회의 전승에 의하면 한밤중에 누만(Numan)이라는 성도의 집 2층에서 광주리를 타고 도시를 탈출하게 됩니다.

5) 세례 요한의 무덤

세례 요한은 오늘날 요르단의 마케루스(Machaerus)에서 헤롯 안티파스(Herod Antipas)에 의해 순교당했는데(마 14:6-12), 요한의 머리를 다메섹에 주재하던 시리아 총독에게 보내 신전 안에 묻혔다고 전해집니다. 그 후 테오도시우스 황제 때 그곳에 세례 요한을 기념하는 교회를 세우게 됩니다. 7세기에 무슬림이 들어와 교회를 부수고 우마이야 모스크를 세웠습니다. 이때 세례 요한의 무덤을 모스크 안에 안치했습니다.

아나니아 집에 세워진 기념 교회

참고로 아르메니안 정교회에 의하면, 세례 요한의 아버지 사가랴(Zechariah)의 유골이 아제르바이잔 남서부에 있는 자치주 나고르노 카라바크(Nagorno Karabakh)의 간드자사르(Gandzasar) 수도원에 있다고 합니다. 또한 시리아의 무슬림들은 사가랴의 머리가 알레포(Aleppo)의 대 모스크(Great Mosque) 안에 있다고 합니다.

바울이 다메섹을 탈출할 수밖에 없었던 이유

① 유대인들의 소동 : "여러 날이 지나매 유대인들이 사울 죽이기를 공모하더니"(행 9:23).

유대인들의 계교를 알게 된 예수의 제자들이 바울을 탈출시킵니다.

② 헤롯 안티파스(AD 4-39)와 아레타스 4세의 갈등 : "다메섹에서 아레다 왕의 방백이 나를 잡으려고 다메섹 성을 지킬새 내가 광주리를 타고 들창문으로 성벽을 내려가 그 손에서 벗어났노라"(고후 11:32-33).

광주리 교회 안과 밖

헤롯 안티파스(Herod Antipas)는 갈릴리와 베뢰아를 다스리던 분봉왕으로, 나바테 왕국의 왕 아레타스 4세의 딸을 부인으로 맞이하는 정략결혼을 했습니다. 그러나 곧 이혼을 하고 동생 빌립의 아내 헤로디아를 유혹하여 결혼하였습니다.

광주리

이로 인해 유대와 나바테 왕국은 전쟁까지 치르게 됩니다. 전쟁으로 인한 긴장 상태는 수년 동안 계속되었고, 이때 바울이 다메섹에 들어와 이곳저곳을 다니며 복음을 전함으로써 주목을 받았습니다. 당시 다메섹은 나바테 왕국의 지배 아래 있었고 방백이 바울을 잡아서 조사를 하려고 했다고 추정할 수 있습니다(제롬 머피 오코너, 《바울 이야기》).

제3장 다메섹, 아라비아 그리고 다소

4
바울의 아라비아행

바울은 다메섹을 나와 아라비아에서 수년을 머무르게 됩니다(갈 1:17 참조).

1. 아라비아(Arabia)

바울은 다메섹을 벗어나 아라비아로 가게 됩니다. '아라비아' 란 아랍인이 사는 지역을 말합니다. 아랍인이 지배하는 나바테 왕국(BC 6세기-AD 106년)은 바울이 활동할 때 요르단 계곡의 동쪽 지역을 장악하고 있었습니다. 물론 다메섹도 포함됩니다. 그러므로 나바테 왕국이 다스리는 모든 지역이 아라비아가 됩니다.

"이 하갈은 아라비아에 있는 시내산으로……"(갈 4:25, 개역개정).

즉 AD 4세기 이후에야 시내 산이 시나이 반도에 있다고 인식했고, 그 전에는 아카바 만의 동쪽에 시내 산이 있었고 그곳을 아라비아라고 생각했습니다. 그러므로 바울 당시의 아라비아는 주로 나바테 왕국의 지역을 가리킨다고 봐야 할 것입니다.

바울의 선교 전략을 '대도시 중심'이라고 한다면, 아라비아에서 약 3년 정도 머물렀을 것으로 추정할 수 있는 장소가 있습니다.

첫째, 요르단의 페트라(Petra)입니다. 페트라는 요르단의 남쪽에 있고, 동서 도로의 요충으로 약 2만 명이 살 수 있는 지역이었습니

약 2만 명의 인구가 살았던 요르단의 페트라

약 10만 명의 인구가 살았다고 하는 시리아의 보스라

다. 다마스쿠스에서 페트라까지의 거리는 약 360km입니다.

둘째, 시리아의 보스라(Bosra)입니다. 특별히 제롬과 마티어가 강력히 주장하고 있는데, 보스라는 아라비아 주에서 처음으로 기독교 공동체가 세워진 곳이고, 초대 주교는 70인 제자 가운데 디몬이라고 알려져 있습니다. 이곳은 로마 시절 아라비아 주의 수도였을 정도로 행정, 문화와 종교의 중심지로 알려져 있고, 인구는 10만 명이 넘었습니다. 다메섹에서 보스라까지의 거리는 약 141km입니다.

나바테 왕국(Nabatean Kingdom)

BC 6세기쯤 유대인들이 바벨론으로 포로로 끌려가면서 공백이 된 유대인의 땅에 에돔인들이 정착합니다. 또 공백이 된 에돔 땅에 아랍의 나바티안들이 들어와 에돔의 수도인 브사이라(Busayra, 요르단의 보스라)를 중심으로 세력을 확장하게 됩니다. 나바테 왕국은 BC 175년 수도를 페트라로 옮깁니다. AD 106년에 라벨 2세가 다시 수도를 시리아의 보스라(Bosra)로 옮기고 죽자, 트라이얀 황제는 나바테 왕국을 로마에 합병시키고 아라비아 주를 신설합니다. 이때 아라비아 주의 수도를 시리아의 보스라로 정하게 됩니다.

2. 바울은 아라비아에서 무엇을 했을까?

첫째, 한적한 곳에서 기도와 묵상을 통해 앞으로의 일들을 위한 내적 준비 시간을 가졌다고 추측합니다.
둘째, 이방인 선교를 위해 계속해서 일했다고 합니다.
셋째, 무엇을 했는지 알 수 없다 등으로 설명할 수 있습니다.
바울은 다메섹 도상에서 주님으로부터 이방인의 사도로 부르심을 받고 다메섹에서부터 박해하던 복음을 오히려 이방인들에게 증거하는 자가 되었습니다. 그 후 복음을 증거하면서 핍박을 받게 되었고 이로 인해 다메섹을 탈출하여 아라비아로 가게 되었습니다. 바울이 사명을 받고 곧바로 복음을 증거한 것으로 보아 바울은 아라비아에 가서도 복음 전도에 열심이었을 것으로 추측할 수 있습니다.

바울은 다메섹과 아라비아에서 약 3년 동안 머물렀던 것으로 볼 수 있습니다. 이후 AD 35-36년쯤 예루살렘을 방문하여 15일 동안 머물면서 예루살렘에 있던 예수님의 제자들과 교제하려고 했으나 예수님의 제자들은 과거 스데반을 죽이는 데 큰 역할을 했고, 예수님을 믿는 사람들을 잡으려고 다메섹까지 갔던 바울이 이제 자기들을 잡으려 한다고 생각하여 바울을 만나 주지 않았습니다.

그래도 바울은 바나바(행 4:36, 레위인이고 요셉이라 함, 행 9:27)의 도움으로 예수님의 제자들 중에 베드로와 예수님의 동생 야고보를 만날 수 있었습니다. 바울은 예루살렘에서 잠시 머무르는 동안에도 복음 전파를 위해 뛰어다녔지만 헬라파 유대인들의 박해로(행 9:29) 어쩔 수 없이 예루살렘을 떠나 가이사랴를 거쳐 다소로 내려갑니다.

5
다소에 돌아온 바울은 무엇을 했을까?

사도행전 23장 16절에 보면 생질을 언급하고 있습니다. 즉 바울에게는 출가한 누이가 있었다는 것을 알 수 있습니다. 그 외 부모에 대해서는 언급하고 있지 않습니다. F. F. 브루스는 "내가 예수를 위해 모두 잃어버렸다"(빌 3:8)는 말씀을 인용하면서 바울이 부모로부터 받게 될 상속권을 모두 박탈당했다고 합니다. 즉 바울은 당대 최고의 스승이었던 가말리엘 1세의 훌륭한 제자로 다소에 온 것이 아니라 예수님의 제자로 돌아왔고, 이를 본 부모는 크게 실망하여 모든 상속권을 박탈했을 것이라고 합니다.

상속권 박탈과 함께 집에서 쫓겨난 바울은 어디서 무엇을 했을까요? 갈라디아서 1장 21-24절을 보겠습니다.

> "내가 수리아와 길리기아 지방에 이르렀으나 유대에 그리스도 안에 있는 교회들이 나를 얼굴로 알지 못하고 다만 우리를 핍박하던 자가 전에 잔해하던 그 믿음을 지금 전한다 함을 듣고 나로 말미암아 영광을 하나님께 돌리니라."

바울은 수리아와 길리기아 지방을 다니면서 복음을 전했고, 이 소식을 들은 바나바가 바울을 찾으러 다소에 오게 됩니다(행 11:25). '찾으러'의 뜻은 찾는 데 몹시 힘들었다는 뜻입니다. 바나바는 바울을 찾는 데 상당히 어려움이 있었다고 할 수 있습니다. 즉 바울이 부모로부터 떨어져 독립된 삶을 살았다고 볼 수 있다는 것입니다.

결국 바울은 다소에 오자마자 부모로부터 상속권을 박탈당하고 부모와 헤어지게 되었지만 포기하지 않고 수리아와 길리기아 지방을 다니면서 복음 전도를 했고, 이 소식을 들은 바나바가 어렵게 어렵게 바울을 찾아 안디옥으로 데려갔다는 것입니다.

6
헬라 도시 안디옥
(Antioch, 오늘날 Antakya)

"때에 스데반의 일로 일어난 환난을 인하여 흩어진 자들이 베니게와 구브로와 안디옥까지 이르러 도를 유대인에게만 전하는데 그 중에 구브로와 구레네 몇 사람이 안디옥에 이르러 헬라인에게도 말하여 주 예수를 전파하니 주의 손이 그들과 함께하시매 수다한 사람이 믿고 주께 돌아오더라"
(행 11:19-21).

1. 안디옥의 역사

BC 2500년쯤 메소포타미아에서 들어온 아카드 족이 아믹 평야에 정착한 기록이 있고, BC 2000년쯤 북쪽에서 후리 족이 내려와 정착을 하게 됩니다.

BC 1700년 이후로 헷 족속이 내려와 정착하면서 많은 유적을 남기게 됩니다. 앗시리아와 페르시아의 정착도 있었습니다. 그러나 알렉산더 대왕이 동방원정을 나서면서 BC 333년 페르시아의 다리우스 3세를 이수스(Issus) 평야에서 물리치고 그리스 시대를 열게 됩니다.

BC 323년 알렉산더 대왕의 죽음 이후, 부하 장군들 중에 안티고노스와 셀레우코스가 힘 경쟁을 하는데, BC 301년 8월 입수스

베드로 동굴에서 내려다 본 안디옥 구 시내

(Ipsus, Afyon 근처) 전투에서 안티고노스가 죽으면서 알렉산더 제국의 동쪽은 셀레우코스의 손에 들어가게 됩니다. 그 당시 안티고노스의 중심도시는 오늘날 안디옥의 북동쪽에 세운 안티고니아(Antigonia)였고, 셀레우코스의 중심도시는 티그리스 강 유역의 셀레우키아(Seleucia)였습니다.

셀레우코스(Seleucus 1 Nicator)는 입수스 전쟁 후 얻은 넓은 땅을 지배하기 위해 동쪽에 치우쳐 있었던 수도를 서쪽으로 옮기게 됩니다. 그곳이 실루기아(Seleucia Pieria)였습니다. 그러나 취약한 지형여건으로 한 달 뒤 안티고니아 근처 산기슭으로 옮기게 되었습니다. 이때 셀레우코스는 아버지의 이름을 따서 도시를 안디옥(Antioch)이라 부르게 되었습니다.

BC 200년에 안티오쿠스 3세가 팔레스틴을 합병하여 인구가 크게 증가하고, 특히 디아스포라 유대인들의 중심지로 떠올랐습니다.

참고로 바울 시대에 안디옥에 살았던 유대인의 수를 4만 5천 명으로 추산하고 있습니다(C. Kraeling, 《안디옥의 유대인 사회》).

BC 64년 로마의 장군 폼페이우스가 안디옥을 정복하면서 이 지역에 시리아 주(BC 64-AD 636)가 생기게 되고, 안디옥이 수도가 됩니다. BC 42년에는 인구가 50만 명이 넘어가면서 로마, 알렉산드리아에 이어 세 번째로 큰 도시가 되었습니다. 안디옥은 '동양의 여왕'이라는 별명을 얻을 정도로 아름답고 호화로운 헬레니스틱 도시로 발전하게 됩니다. 그러다 AD 385년 테오도시우스 황제의 우상 파괴 시절에 우상숭배와 관계된 건물들이 파괴됩니다.

AD 395년 이후로 동로마제국, 아랍, 몽골, 오스만에게 지배를 받게 됩니다. 특별히 1차 세계대전 때 오스만 제국이 패전하여, 그리스 림노스 섬의 무드로스 항구에서 맺어진 '무드로스 정전 협정'(Moudros, 1918년 10월 30일)에서 안디옥을 중심으로 한 시리아 지역이 프랑스의 통치 아래 들어갑니다. 1939년 안디옥 시민들의 투표를 통하여 안디옥은 터키의 영토에 포함됩니다.

2. 안디옥의 발전

1) 국제무역 중심지

로마의 평화시대가 되면서, 중국에서 시작하여 안디옥에까지 이르는 실크로드의 종착지가 되었고, 서쪽으로는 약 30km 떨어져 있는 지중해의 항구도시 실루기아를 통해서 그리스, 로마와 아프리카로 연결되는 무역로가 만들어져 동방, 서방 그리고 아프리카를 잇는 중요한 국제무역 중심지로 발전하게 됩니다.

2) 예술의 도시

셀레우코스는 이곳을 대표적인 헬레니스틱 도시로 만들려고 많은 예술가들을 불러들여 대리석 도로와 호화로운 궁전, 극장, 신전 등을 모자이크 장식과 함께 만들게 하였습니다. 로마 시대에는 아름다움의 극치를 보여주게 되는데, 이로 인해 안디옥은 '동양의 여왕' 이라는 별명을 얻게 되었습니다. 오늘날 안디옥의 고고학 박물관을 방문하면 당시의 많은 모자이크들을 볼 수 있습니다.

시리아와 아시리아의 차이점

시리아와 아시리아 언어는 거의 서로 같이 사용되지만 로마 제국 시대를 보면 지역이 다릅니다. '시리아' 라는 말은 이집트와 소아시아 사이인 레반트(Levant) 지역을 말하고, '아시리아' 라는 말은 페르시아 제국의 한 지역을 말합니다. 즉 아시리아 왕국이 멸망한 후 로마의 시리아와 페르시아의 아시리아로 나뉩니다.

참고로 레반트는 역사적으로 근동의 팔레스타인(고대의 가나안과 시리아 부근)을 가리키는 지리적 용어입니다. 특정지역을 명확하게 가리키는 용어라기보다는 문화적, 역사적 배경을 지닌 지역을 아우르는 용어입니다. 일출(日出)로서 동(東)을 의미하는 프랑스어의 lever, 즉 '해가 뜨다' 라는 단어에서 유래된 레반트(Levant)는 역사적으로 지중해 동부해안을 따라 위치한 국가들로 레바논, 시리아, 요르단 그리고 이라크 등 4개국을 포함합니다.

3. 복음을 받기 이전의 안디옥의 모습

헬라적 이념은 서로 다른 국가들의 신들을 동일시하여 혼합하고자 하는 경향이 있습니다. 결국 그들은 신들은 다 똑같다고 말했습니다. 이러한 신관을 가진 수십만 명의 이방인이 살고 있는 안디옥에 수만 명의 유대인이 회당을 중심으로 살고 있었습니다.

회당은 유대인의 삶의 중심이었습니다. 회당은 예배처소였고 학교였습니다. 또한 시민 회관으로, 여행하는 유대인에게 여관 역할과 심지어 직업 알선소 역할도 하였습니다. 이 회당에 안식일마다 모여서 예배하는 유대인들의 모습은 당시 이방인들에게는 아주 이상하고 새로운 것이었습니다. 그 이유는 다음과 같습니다.

첫째, 신의 형상이 없었습니다.

둘째, 제사를 드리지 않았습니다.

셋째, 유일신 사상을 갖고 있었습니다.

넷째, 높은 도덕적 수준 등이 이방인들의 눈에 띄었습니다.

그래서 진지한 이방인들이 유대인들의 회당 예배에 관심을 갖게 되면서 자연스럽게 예배에 참여를 하였습니다. 성경은 이들을 할례 받지 않은 '하나님을 경외하는 자', '하나님을 예배하는 자'(God feared)라고 합니다.

그 당시 이방인들은 할례를 어떻게 보았는가?

할례는 유대인들 외에 어느 누구도 하지 않았습니다. 그래서 이방인이 할례를 받으면 이방인이 속해 있던 공동체에서 거의 고립되고 따돌림받았습니다. 이방인이 할례 받기는 정말 어려운 일이었습니다. 또한 할례를 받는다 할지라도 유대인들의 환영은 없었습니다. 예를 들어, AD 70년 이후 랍비들의 가르침에 보면 "이방인들은 절대 구원받지 못한다. 심지어 할례 받은 이방인도 구원받지 못한다"고 하여 유대인들조차 이방인의 할례를 긍정적으로 바라보지 않았습니다. 그래서 대부분의 이방인들이 할례를 받지 않았습니다. 성경에 보면 바울은 이 문제로 상당한 어려움을 당하게 됩니다.

4. 선교를 위한 하나님의 준비

1) 언어
헬라어가 로마 제국의 공용어가 되었습니다.

2) 로마의 평화정책과 도로망의 발달
소왕국들이 로마에 흡수되고 산적, 해적들이 없어지면서 땅과 바다에 길들이 만들어졌고, 많은 사람들의 왕래가 자유롭게 되었습니다.

3) 유대인의 예배의식과 회당제도
성전이 파괴되면서 신전 중심에서 회당 중심(말씀 중심)으로 바뀌게 되었는데, 이것이 복음을 증거할 수 있는 '다리 역할'을 하게 됩니다. 대제사장, 제사장이 없어진 상황 속에서 하나님의 말씀을 강론할 수 있는 장소가 나타나는데, 그곳이 회당입니다. 유대인들은 회당을 중심으로 살아가게 됩니다.

4) 유대인들의 전도열
"너희는 교인 하나를 얻기 위해 바다와 육지를 두루 다닌다"(마 23:15)라는 말씀처럼 회당이 생기면서 바리새파, 사두개파 등에 몸

담고 있는 사람들은 자기들의 세력을 확장하기 위해 여러 지역에 흩어져 있는 유대인들을 찾아다녔습니다. 이러한 열정을 가진 이들이 그리스도인이 되면서 이제는 복음을 전하려고 곳곳을 누비게 됩니다.

5. 누가 안디옥에 복음을 전했나?

예루살렘 교회의 정식 정책이 아닌 자발적인 움직임으로 안디옥에 복음이 들어왔습니다. 즉 박해를 피해(행 11:19-26) 흩어진 유대인 성도들이 안디옥에 들어왔습니다. 예수님께서는 이들을 통해 이방 선교의 문을 여십니다. 예루살렘에서 복음을 받아들인 유대인들 중에 복음이 이방인들에게도 전해져야 한다고 믿었던 사람들이 안디옥에 있는 헬라인들에게 복음을 전하게 됩니다.

그 당시 안디옥의 헬라인들은 유대 종교에 관심을 갖고 있었고, 유대인들은 이들이 하나님의 말씀을 듣는 것을 허용하여 회당까지 개방하였습니다. 하지만 할례를 받지 않았기 때문에 하나님의 백성으로는 받아주지는 않았습니다. 예루살렘에서 흩어져 안디옥에 온 성령 받은 유대인들은 이곳에서 예수님을 증거했습니다. 율법을 증거한 것이 아니라 믿음으로 구원에 이르고 하나님의 백성이 될 수 있다고 하였습니다. 길거리에서, 가게에서, 시장에서 그들이 전한 복음은 쉽게 받아들여졌습니다. 복음을 받아들인 사람들은 예수님의 말씀과 행적을 따르기로 결정하였고 이들을 '그리스도인'이라 부르게 되었습니다.

안디옥에서 성도들이 늘어날 때 예루살렘에서는 헤롯 아그립바 1세의 박해(AD 41-44)로 인해 요한의 형제 야고보가 순교를 당하고,

베드로도 옥에 갇히는 어려움이 있었습니다. 또한 예루살렘 일대에 기근이 일어났는데, 안디옥 성도들은 성금을 모아 바나바와 바울로 하여금 예루살렘의 성도들에게 전달하게 했습니다. 바나바와 바울은 예루살렘에서 안디옥으로 돌아올 때 마가라 하는 요한을 데리고 옵니다.

그리스도인

'그리스도에 속한 자, 그리스도를 따르는 자' (Christos + ianos 또는 ianus)라는 뜻으로, 그 당시 예루살렘의 성도들은 자신들을 'Disciples, Believers, Saints, Brethren, Servants'로 불렀고, 유대인들은 '나사렛당', 안디옥에 사는 시민들은 성도들을 '그리스도인'이라고 불렀습니다(행 11:26). 다시 말한다면, 성도들을 부르는 이름이 하나가 아닌 여러 개였습니다. 이후 2세기 안디옥의 감독이고 사도 요한의 제자였던 이그나티우스(Ignatius)가 남긴 글들을 보면, '그리스도교'(Christiansmos)라는 단어를 볼 수가 있습니다. 변증가들은 이그나티우스가 언급한 이 단어를 자주 인용하였고, 지금 세계는 예수를 믿는 자들을 '그리스도인'이라고 부르고 있습니다.

마가라 하는 요한

히브리 이름은 요한, 로마식 이름은 마가입니다. 바나바의 사촌이고, 어머니의 이름은 마리아입니다(행 12:12). 예루살렘의 성도들이 요한의 집에서 모임을 가졌는데, 일명 '마가의 다락방'이라고 합니다. 마가는 바울의 1차 선교여행에서 수종자로 일하다가 버가에서 예루살렘으로 돌아가 버렸습니다(행 13:13). 바울이 2차 선교여행에 마가를 데리고 가는 것을 반대하자 바나바는 마가를 데리고 구브로에 가서 전도합니다. 세월이 흘러 바울은 로마에서 빌레몬에게 편지를 쓸 때 마가를 '나의 동역자'라고 부르고(몬 1:24), 순교하기 전 디모데에게 편지를 쓸 때도 '나의 일에 유익하니 마가를 데리고 오라'

고 합니다(딤후 4:11). 마가는 그 후 베드로를 도와 일했고, 마가복음을 편찬하게 됩니다.

6. 초대교회인 안디옥 교회의 정신

"안디옥 교회에 선지자들과 교사들이 있으니……주를 섬겨 금식할 때에 성령이 가라사대 내가 불러 시키는 일을 위하여 바나바와 사울을 따로 세우라 하시니 이에 금식하며 기도하고 두 사람에게 안수하여 보내니라"(행 13:1-3).

안디옥 교회 성도들의 정확한 숫자는 알 수 없지만 모이는 성도가 상당히 있었던 것으로 알려져 있습니다. 그런데 오늘날과 같은 교회 건물은 없었습니다. 교회 건물은 없었지만 안디옥 교회 성도들은 금식하면서 하나님 앞에서 먼저 해야 할 일을 구하였는데, 이것이 바로 바나바와 바울을 따로 세워 선교사로 파송하는 것이었습니다. 안디옥 교회는 기꺼이 이들을 파송하고 재정과 기도로 함께 합니다. 이것이 바로 초대교회인 안디옥 교회의 정신입니다. 하나님 앞에서 제일 먼저 해야 할 일은 '선교' 입니다.

7. 안디옥과 관계된 인물들

1) 아가보

안디옥 출신으로 글라우디우스 황제 때 기근이 들 것을 예언하였고(행 11:28) 바울의 선교여행 말에 바울의 띠로 수족을 잡아매고 띠의 주인이 잡힐 것이라고 예언을 하였습니다(행 21:10-11).

2) 이그나티우스

예수가 사역할 당시, 어린아이를 데려다가 '어린아이와 같지 않으면 천국에 못 간다' 고 했는데, 그 아이가 이그나티우스라고 합니다. 사도 요한의 제자로 AD 69-117년에 안디옥의 감독으로 일했고, 117년 로마에서 순교를 하기 전 7개의 편지를 에베소, 마그네시아, 트랄레스, 로마, 서머나, 폴리캅 그리고 빌라델비아에 썼습니다.

3) 니골라 집사

안디옥 출신으로 영은 선하고 육은 악하니 육의 소원대로 살아도 구원에 이를 수 있다고 하였고, 황제숭배도 애국하는 것이라고 주장했던 일곱 집사 가운데 한 사람이었습니다.

4) 폴리캅

정확하지는 않으나 안디옥 출신으로 알려져 있습니다. 나중에 아시아 지역으로 와서 살다가 사도 요한의 제자가 되고 서머나 감독으로 일하다가 AD 155년 2월 23일 순교합니다(서머나의 가톨릭 교회).

5) 시므온 니게르 또는 흑인 시므온

시므온은 아프리카 시린(Cyrene, 성경의 구레네)에서 온 사람이고, 예수님이 십자가를 메고 가다 지쳤을 때 대신 짊어지고 갔던 사람으로 추정합니다. 그는 처음에는 유대교로 개종한 이방인이었으나, 오순절 사건을 경험하면서 다시 기독교로 회심한 사람입니다. 8년 후에 그는 예루살렘을 떠나 안디옥에 정착합니다. 그에게는 아내와 두 아들이 있었는데, 한 명은 이집트의 북부 도시 알렉산드리아에서 태어났다는 뜻에서 알렉산더였고, 다른 한 명은 붉다는 의

미에서 루포였습니다.

6) 안디옥의 주상성자 시몬

안디옥 근처 아마누스 산의 한 마을에서 AD 389년 태어나 고행을 통해서 하나님을 만나려고 했던 성자입니다. AD 459년 죽을 때까지 기둥 위에서 내려오지 않았다는 이야기가 있습니다. 시몬의 수도원은 오늘날 시리아의 알레포에 있습니다.

참고로 사만다의 주상성자 시몬도 있습니다. 이는 안디옥의 주상성자 시몬에게서 영향을 받아 AD 592년 죽을 때까지 기둥 위에서 내려오지 않았던 사람입니다.

8. 안디옥의 유적들

1) 베드로 동굴 교회

예수님의 명령에 따라 제자들은 각지로 흩어지는데, 베드로는 AD 42년 안디옥의 초대감독으로 11년 동안 유대인의 사도로 복음을 증거했다고 합니다(안디옥의 가톨릭 교회). 동굴은 로마의 박해 시절에 성도들이 몰래 숨어서 모임을 가졌던 곳으로 알려져 있습니다. 동굴 왼쪽에는 1km가 넘는 긴 터널이 있는데, 이것은 외부의 침입자가 있을 시 피신하던 비상구였습니다. 동굴 바닥에는 4-5세기 때 만들어진 모자이크가 있습니다. 1096년 1차 십자군전쟁 때 십자군들이 이 동굴을 발견하였고, 12세기 때 동굴을 확장하여 현재의 모습으로 만들었습니다. 동굴 내부의 중앙에는 알파와 오메가라는 그리스어가 새겨진 제단이 있고, 제단 뒤의 석벽에는 홈을 파서 베드로 상을 올려놓았습니다. 1918-1938년 프랑스가 안디옥 지역을 점령했을 때 만든 것입니다.

2) 카라니온(Charanion)

베드로 동굴 교회의 옆, 즉 스타우린(Staurin) 언덕에 있는 바위에 큰 부조로 사람의 얼굴이 양각으로 새겨져 있습니다. 이것은 안티오쿠스 4세(Antiochus IV Epiphanes, BC 175-164) 통치 시대에 기적을 행하고 철학을 하는 라이오스(Laios)라는 사람이 열병으로부터 안디옥을 보호하기 위해서 바위 위에 특별한 말과 거대한 사람의 얼굴을 조각하라고 지시했다고 합니다. 안디옥 사람들은 이 부적을 카라니온이라고 불렀습니다.

3) 오론테스 강(Orontes River)

'반역자'라는 뜻을 가진 이 강은 레바논 베카 계곡의 북쪽에서 발원하여 북쪽으로 홈스와 하마를 거쳐 터키 지역에 들어와서는 남서쪽으로 방향을 돌려 안디옥과 실루기아를 거쳐 지중해로 빠져나갑니다. 이 강은 동서 무역의 길로 활용되었고, 특히 지중해를 통해 들어오는 사람들과 물건들이 실루기아 항구에서 조그마한 배로 옮겨 안디옥 시내까지 들어올 수 있었습니다. 바나바와 바울이 실루기아로 갈 때도 조그마한 배를 타고 갔을 것으로 추정합니다(Fatih, *Saint Paul in Anatolia*).

4) 실피우스 산 위의 안디옥 흔적

안디옥 시는 성벽의 길이가 20km로 만들어졌습니다. 시의 동쪽의 경우 실피우스 산이 남북으로 이어져 있는데 산의 정상에는 아직도 로마, 비잔틴 시대의 성벽, 요새 그리고 도시의 흔적이 남아

안디옥에서 실루기아로 흐르는 오론테스 강

있습니다. 아마도 아프리카와 지중해에서 불어오는 불볕더위가 안디옥 사람들을 산 위에 정착하게 했을 것입니다.

5) 모자이크 박물관

모자이크는 이집트에서 시작되었는데, 헬레니즘 시대에 발전을 하게 됩니다. 처음에는 주로 바닥에 모자이크 예술을 남겼으나, 로마가 들어오면서 바닥 대신 벽에다 모자이크 예술을 남겼습니다. 모자이크는 대리석 조각, 색깔 있는 돌 조각 또는 유리 등을 색깔대로 모아서 회반죽으로 하나씩 하나씩 정성스럽게 붙인 것입니다. 이곳에 있는 모자이크는 로마와 비잔틴 시대의 모자이크입니다. 모자이크를 보고 있으면, 복음이 전파되기 전 이곳에 살고 있던 사람들이 얼마나 우상숭배를 하고, 사치와 향락 문화에 깊이 빠져 있었는지를 알 수 있습니다. 박물관 건물은 프랑스가 이곳을 점령했을 때 세워진 것입니다.

제4장
바울의 1차 선교여행

바울의 1차 선교여행은 수리아 안디옥을 출발하여 실루기아, 구브로, 버가, 피시디아 안디옥, 이고니온, 루스드라, 더베의 순서로 이루어집니다.

바울과 바나바가 배를 탄 실루기아 항구

1
실루기아

(Seleucia Pieria, 오늘날 Çevlik)

"두 사람이 성령의 보내심을 받아 실루기아에 내려가……"(행 13:4).

안디옥 교회의 파송을 받은 바나바와 바울은 안디옥을 떠나 실루기아로 내려갑니다.

1. 실루기아의 역사

실루기아는 BC 301년쯤 알렉산더 대왕의 부하 셀레우코스(Seleucus 1 Nicator)에 의해 카시우스 산에서 멀지 않은 오론테스 강의 하구에 세워졌습니다. 헬레니즘 시대와 로마 시대에 약 30km 떨어진 안디옥이 발전하면서 안디옥의 항구 역할을 하게 됩니다. 서방의 많은 사람들과 물건들이 안디옥으로 가기 위해 이곳으로 몰려오고, 동방의 많은 사람들과 물건들이 안디옥을 거쳐 서방으로 가기 위해 이곳으로 몰려오면서 실루기아는 서방과 동방의 사람들과 물건들로 가득차게 됩니다.

2. 실루기아에서의 바울

바나바와 바울은 안디옥 교회의 파송을 받아 실루기아로 내려가 구브로로 가기 위해 배를 기다립니다. 이들이 구브로를 선택한 이유는 성경에는 나오지 않지만 아마도 구브로가 바나바의 고향이었기에 자연스럽게 선택한 것이 아닌가 생각합니다.

3. 실루기아의 유적들

1) 실루기아 고대 항구도시

안쪽의 항구와 바깥쪽의 항구가 있었는데, 지금은 안쪽의 항구가 흙으로 덮여 있고 바깥쪽 항구 모습이 보입니다. 바나바와 바울은 이곳에서 지중해를 왕래하는 배를 타고 구브로로 갑니다.

2) 티투스 터널

아마누스 산맥의 끝부분에 만들어진 실루기아 항구 도시는 비가 오면 산에서부터 빗물이 도시로 넘쳐흘렀습니다. 이것을 막기 위해 터널을 만들었는데, 베스파시아누스 황제 때 시작하여 티투스 황제 때 마무리가 됩니다. 터널의 길이는 1,380m, 너비는 7m, 높이는 6m입니다. 이를 위해 많은 유대인들이 작업에 투입되었다고 합니다.

2
구브로
(Cyprus)

"살라미에 이르러 하나님의 말씀을 유대인의 여러 회당에서 전할새 요한을 수종자로 두었더라 온 섬 가운데로 지나서 바보에 이르러……"(행 13:5-12).

1. 구브로의 역사

바다의 왕자 베니게인이 구브로의 남동쪽에 있는 키티온(Kition, 오늘날의 Larnaka, 구약의 깃딤(Kittim, 창 10:4)]을 일찍부터 개발하였습니다. 이곳은 구리 생산과 조선산업으로 유명한데, 구브로라는 이름도 구리 생산에서 나왔다고 합니다. 플리니에 따르면, 구브로는 가장 먼저 구리가 발견된 곳이라고 합니다.

트로이 전쟁 후 그리스인들이 들어와 정착을 하였고, 나중에 페르시아와 이집트의 프톨레마이오스 왕조까지 구브로에 영향을 행사하게 됩니다.

로마는 BC 56년 구브로를 길리기아 도에 흡수시키고, 구브로의 수도를 살라미(Salamis)에서 바보(Paphos)로 옮깁니다.

로마는 BC 27년 총독이 주재하는 독립된 도로 구브로를 독립시킵니다.

BC 22년 아우구스투스가 로마 원로원에 귀속시켜 총독이 통치하고 원로원과 주민에게만 책임을 지고 황제에게는 보고하지 않는 도가 되었습니다. 바울 시절 총독은 서기오 바울(Sergius Paulus)이었습니다.

2. 구브로에서의 바울

바나바와 바울은 구브로 섬의 동쪽 항구 도시인 살라미에 도착합니다. 그리고 하나님의 말씀을 유대인의 여러 회당에서 전하는데, 바나바의 사촌인 마가라 하는 요한을 수종자로 두게 됩니다(행 13:5). 이후에 이들은 라르나카(Larnaka)를 지나 서쪽으로 약 70km 떨어진 구브로의 수도 바보에 도착합니다.

바울 일행은 바보에 도착해 회당에서 복음을 전하고, 특별히 바예수라 하는 유대인 거짓 선지자 겸 마술사를 만나게 됩니다. 그 당시 서기오 바울 총독은 바울 일행에게 호의적이었고, 하나님의 말씀을 듣고자 했으나 마술사가 방해를 놓습니다. 그래서 바울은 마술사를 꾸짖었고 마술사는 장님이 되는 일이 생깁니다. 이후로 바울 일행은 서기오 바울 총독의 도움으로 복음을 전하는 데 어려움이 없었습니다(행 13:4-12).

서기오 바울 총독

서기오 바울 총독의 전체 이름은 Lucius Sergius Paulus로 그의 가족에 대한 자료들은 로마나 소아시아에서 발견된 다양한 비문들에 나타나 있습니다. 서기오 바울은 글라우디우스 황제 치하 때 구브로의 총독(proconsul)으로 3년을 일하고 AD 47년에 로마 시내로 흐르는 티베르 강(Tiber River)의 책임자로 있다가 원로원의 의원(senator)이 됩니다. AD 70년에 만들어진 비문은 서기오 바울을 로마의 집정관(consul)으로 표현하는데, 로마의 동쪽 지방에 정착했던 사람으로서는 처음으로 집정관이 되었다고 합니다.

1912년 람세이(W.M.Ramsay)와 앤더슨(J.G.C. Anderson)은 서기오 바울(L. Sergius Paulus Filio)을 언급하는 라틴어 비문을 발견합니다. 그 비문에는 사도행전에 언급된 총독의 아들에 대한 이야기가 적혀 있습니다. 또다른 비문에서는 서기오 바울의 딸인 서기오 바울라(Sergius Paulla)에 대해 언급하고 있습니다. 서기오 바울라는 카리스타니우스(C. Caristanius Fronto)와 결혼을 하는

데, 그의 가족은 안디옥(피시디아 지방)에서 아주 유명했습니다. 서기오 바울라의 남편인 카리스타니우스는 AD 70년대에 로마 제국의 일에 참여하게 되는데, 그 당시 집정관이었던 장인 서기오 바울의 도움으로 일을 할 수 있었습니다(Mark Wilson, *Biblical Turkey*).

3. 구브로의 유적들

1) 고대 살라미 유적

BC 56년 로마가 들어오기 전까지 구브로의 수도 역할을 할 정도로 번성했고, 수도가 바보로 옮겨간 이후에도 동지중해를 지나는 배들이 드나드는 항구도시로 번성했습니다. AD 4세기에 지진이 일어나면서 도시가 파괴된 후 복구되지 않았습니다. 바울 일행은 이곳에서 "유대인의 여러 회당을 다니며 복음을 전했다"고 합니다(행 13:5). 이곳에는 베니게인, 헬라인뿐 아니라 많은 유대인들이 살았다고 합니다. 특별히 이곳이 바나바의 고향이기에 1차 선교여행의 첫 번째 목적지로 쉽게 선택되었을 것으로 추측할 수 있습니다.

2) 바나바 수도원과 무덤

요셉은 구브로에서 난 레위인으로, 사도들이 일컬어 바나바라고 하였습니다. 번역하면 권위자라, 착한 사람이요 성령과 믿음이 충만한 자라고 합니다(행 4:36, 11:24). 바나바는 살라미의 유대인 가정에서 태어나 예루살렘에서 교육을 받았지만 고향에 돌아왔을 때는 기독교를 전파했고, AD 52년 유대인들이 던진 돌에 맞아 살라미의 한 바닷가에서 순교하였다는 이야기가 전해집니다.

바나바의 제자들이 쥐엄나무 밑에 시신을 매장하였는데, 이때

살라미에 있는 바나바 수도원

항상 가지고 다녔던 마태복음 복사본도 같이 묻었다고 합니다. 순교 후 약 400년이 지난 후, 구브로의 대주교인 안테미오스(Anthemios)에 의해 바나바의 무덤이 발견됩니다. 이때 바나바의 유골과 마태복음 복사본도 같이 발견되었고, 비잔틴 제국의 황제 제노(Zeno)에게 보내집니다. 나중에 안테미오스 대주교는 무덤 근처에 수도원을 세우게 됩니다. 구브로 사람들은 바나바를 살라미의 초대 감독이라고 합니다(Mary Anastasiou, *Cyprus*).

3) 나사로 기념 교회

바울 일행이 살라미를 출발하여 라르나카를 지날 때, 나사로가 일행을 맞이했다고 합니다. 나사로는 구브로에서 30여 년 동안 복음을 전파하다가 죽었다고 합니다. AD 9세기 비잔틴 황제 레오 6세가 나사로의 무덤 위에 교회를 세웠고, 17세기에 건물을 보수했습니다. 나사로는 구브로의 초대 감독으로 알려져 있습니다.

성 바울의 기둥(작은 그림)과 바울이 40에 하나 감한 매를 맞은 유대인 회당 유적

4) 바울 채찍 교회

원래 이 장소에는 유대인의 회당이 있었습니다. 바울은 이곳에서 복음을 전할 때 40에 하나 감한 매를 맞았다고 합니다. 지금도 '성 바울의 기둥'이라는 푯말이 그리스어와 영어로 새겨진 대리석 기둥이 놓여 있습니다. 4세기 초에 바울을 기념해서 교회가 기둥 옆에 세워졌다고 합니다. 그리고 13세기 영국 성공회가 바울이 채찍에 맞은 것을 기념하기 위해 성공회 교회를 세웠습니다. 일명 바울 채찍 교회입니다.

5) 사랑의 여신 비너스의 출생지

비너스(Venus)는 미와 사랑의 여신입니다. 베니게의 아스다롯과 같은 여신으로 그리스 신화의 아프로디테(Aphrodite)입니다. 비너스는 바보 항구의 근처 해안에서 태어나 전 헬레니즘 지역에서 숭배되었습니다. 바울은 에베소의 아데미 여신 때문에 어려움을 당했던 것처럼 비너스 여신 때문에 바보 지역에서 어려움을 겪었을 것입니다.

3
구브로의 바보 항구에서 밤빌리아로 향하는 바울

바울 일행은 바보 항구에서 배를 타고 밤빌리아 지방에 있던 버가를 향하여 갑니다.

밤빌리아 지방(Pamphylia Province)

밤빌리아 지방은 지중해를 끼고 서쪽은 루기아(Lycia), 동쪽은 길리기아(Cilicia), 북쪽은 타우루스 산맥(Taurus Mountains)으로 둘러싸인 동서의 길이가 120km, 남북의 폭이 48km인 비옥한 평야지대입니다. 북쪽으로 진출하기에는 높은 산맥이 가로막혀 어렵고, 습도가 높고 말라리아 열병이 성한 곳입니다. 밤빌리아의 뜻은 '모든 종족의 땅' 입니다.

① 도리아의 세 부족 중 하나인 밤빌리 부족이 이 지역에 정착하여 살았다고 하여 밤빌리아가 되었습니다.

② 트로이 전쟁에서 패한 장군들 중에 몹수스(Mopsus)가 백성을 이끌고 이 지역에 들어와 정착을 했고, 지역의 이름은 몹수스의 딸 '밤비아' 에서 왔다고도 합니다.

밤빌리아 지방은 AD 25-43년에 독립된 주로 있다가 AD 43년에 루기아 지방과 함께 갈라디아 지방에 편입되었습니다(AD 43-68).

4
버가에서 안디옥

1. 버가(Perge)

"바울과 동행하는 사람들이 바보에서 배 타고 밤빌리아에 있는 버가에 이르니……"(행 13:13).

1) 버가의 역사

버가는 밤빌리아 지방의 도시로 BC 12-13세기경에 건설된 것으로 추정됩니다. 즉 트로이 전쟁 후 흩어진 여러 종족이 남쪽으로 내려와 아크로폴리스를 세웠는데, 특히 칼카스와 몹수스가 중심 역할을 한 것으로 알려져 있습니다. 버가는 리디아 왕국에 이어 페르시아에 점령당했다가 BC 333년에 알렉산더 대왕에 의해 해방됩니다. 이후 BC 129년에는 로마에 속하게 되면서 크게 번영을 하게 됩니다.

2) 버가에서의 바울

버가는 밤빌리아 지역의 기독교 전파에 상당한 중심지 역할을 담당했습니다. 바울은 1차 선교여행에서 바나바, 마가와 함께 바보 항구를 출발하여 버가에 도착을 합니다. 바울은 이곳에서 타우루스 산맥을 넘어 안디옥(피시디아 지방)으로 가기 위한 준비를 하게 됩니다. 그러나 마가라 하는 요한은 이곳에서 일행과 헤어져 예루살렘으로 돌아갑니다(행 13:13).

버가의 중심 도로

🌀 마가라 하는 요한은 왜 헤어졌을까?

① 추측하건대 요한은 홀어머니 밑에서 사랑만 받고 자라서 향수병에 걸렸을 것입니다.

② 요한은 도시의 부유한 가정에서 편히 자라났습니다. 그래서 험한 산을 넘고 깊은 강을 지나는, 때로는 못 먹어 며칠씩 굶어야 하는 전도여행에 적응하기 힘들었을 것입니다.

③ 요한은 유대인의 핍박과 이방인의 학대를 이길 만한 경험과 인내심이 부족하였습니다.

④ 사도행전 13장 13절에 보면 '바울과 그 일행' 으로 나타납니다. 즉 팀의 리더십이 사촌형인 바나바에서 바울로 옮겨졌고, 이에 마가의 마음이 상했을 것입니다.

⑤ 마가는 할례당이었습니다(골 4:10-11). 즉 마가와 바울은 율법과 할례를 바라보는 관점이 달랐는데, 이로 말미암아 마찰이 생겼을 것입니다.

우리는 정확한 이유를 모르지만, 바울과 바나바는 이번 여행 이전에도 여러 곳을 다니면서 복음을 전해 본 경험이 있었습니다. 그런데 마가는 이번이 처음이었습니다. 즉 마가는 전도자로서 훈련이 부족했다고 볼 수 있습니다. 그래서 결국 마가는 버가에서 일행과 헤어져 예루살렘으로 돌아갔고, 바울과 바나바는 안디옥을 향해 타우루스 산맥을 넘게 됩니다.

3) 버가에서 피시디아 안디옥으로 가야 하는 이유

로마와 소아시아에서 서기오 바울(Sergius Paulus)의 이름이 새겨진 비문들이 발견됨으로써 구브로의 총독이었던 서기오 바울이 안디옥(피시디아 지방)과 깊은 관계가 있다는 것을 구브로에 대해 이야기할 때 언급하였습니다. 서기오 바울의 가족 중에는 관료들이 많았고 피시디아 지방의 안디옥에도 살고 있었습니다. 특히 안디옥의 북서쪽에 많은 땅을 갖고 있었습니다. 서기오 바울 총독은 바울에게 상당히 호의적이었고, 결국 안디옥으로 가도록 추천했을 것입니다(Mark Wilson, *Biblical Turkey*).

✿ 버가에서 피시디아 안디옥으로 가는 루트

타우루스 산맥에 만들어진 돌길로 쉬지 않고 일주일 정도 걸었을 것으로 추정합니다. 즉 버가에서 케스트로스 강(Cestros River)을 따라 북쪽으로 20km, 그리고 차탈랄(Çatallar), 슛추렐(Sütçüler), 아다다(Adada), 일명 40개의 계곡, 코바다(Kovada) 호수, 에일딜(Eğirdir) 호수를 지나면 안디옥에 이르게 됩니다. 계곡을 지날 때의 위험, 늪지대, 맹수와 산적들의 공격이 있었던 그 곳은 쉽게 넘을 수 없는 산악 지역이었습니다. 바울과 바나바는 버가에 잠시 머무르면서 타우루스 산맥의 상황을 들었을 것입니다. 그러나 죽음을 무릅쓰고

버가에서 안디옥으로 연결되어 있는 험난한 타우루스 산맥의 로마 길

주님의 말씀을 증거하기 위해 험한 산을 향하여 발걸음을 내디뎠습니다.

4) 버가의 유적들

① 버가 고대 도시
케스트로스 강 옆에 아크로폴리스가 만들어지면서 사람의 거주가 시작되었고, 헬레니즘 시대와 로마 시대를 거치면서 발전하였습니다. 지진과 전쟁으로 인해 도시가 파괴되어 지금은 흔적만 남아 있습니다.

② 케스트로스 강(Cestros River)
타우루스 산맥에서 남쪽에 있는 지중해로 흘러가는 강인데, 버가 시를 서쪽으로 두고 지나갑니다. 지중해를 오가는 사람들은 이 강을 통하여 버가를 왕래하였다고 합니다. 바울 일행도 바보 항구

피시디아 안디옥의 중심 도로

에서 버가로 올 때 이 강을 통하여 버가로 들어왔다고 합니다(Metin Pehlivaner, *Antalya, Pamphylia, Perge, Aspendos, Side*).

2. 안디옥, 일명 피시디아 안디옥(Pisidia Antioch, 오늘날 Yalvaç)

"저희는 버가로부터 지나 비시디아 안디옥에 이르러 안식일에 회당에 들어가 앉으니라"(행 13:14).

피시디아 지방(Pisidia Province)

소아시아 남부에 있는 한 지방인데, 밤빌리아 지방의 북쪽 오지인 아나톨리아 고지에 있습니다. 경계는 시대에 따라 다르지만 대체적으로 동서 180km, 남북 80km의 지역인데, 타우루스 산맥과 연결되는 고원지대로 아름다운 경치를 이루고 있습니다. 그러나 여름에는 찜통더위와 겨울에는 폭설이 내리고 산적들과 야생짐승들이 오가는 사람들을 위협하는 산간 오지였습니다. BC 25년 아우구스투스는 이 산간 지역을 갈라디아 지방에 편입시켰고, 디오클레티아누스 황제는 AD 292년 이곳을 로마의 '피시디아 지방'으로 선포합니다.

(1) 피시디아 안디옥의 역사

루기아인들의 한 부류인 피시딕(Picidic) 언어를 쓰는 사람들이 BC 1500년경 이후로 이곳 산악 지역에 이주해 옵니다. 헷 족속은 이 지역을 아르자와(Arzawa) 지역의 한 부분에 포함시켰습니다. 나중에 브루기아인들이 들어와 정착해 키벨레(Cybele)를 섬기며 살았다고 합니다. 참고로, 피시딕 언어를 쓰는 사람들이 사는 땅이라 하여 '피시디아' 라고 하는데, 뜻은 '소나무 숲'으로 추정합니다(Bilge Umar, *Türkiye'deki Tarihsel Adlar*).

알렉산더 대왕의 장군인 셀레오쿠스는 지역을 정복한 이후 지역 주민들에 대한 지배를 강화하기 위해 전략적으로 중요한 곳에는 요새 도시들을 세워 갔습니다. 셀레오쿠스는 특별히 갈라디아인들의 공격을 막기 위해 이곳을 군사기지로 만들고, 그의 아들 안티오쿠스 1세(Antiochus 1 Soter, BC 281-261)가 확장시킵니다. 안티오쿠스 3세(Antiochus 3 the Great, BC 222-187)는 갈라디아인들의 남하를 막기 위해 유대인들을 아시아 지역으로 이주시켰는데, 이때 유대인들이 이곳으로도 들어오게 됩니다.

헬라의 왕국들이 갈라디아인들과 싸우고 있을 때, 로마는 동쪽으로 세력을 확장합니다. 로마는 갈라디아인들을 협박하였고, BC

188년에는 아페메이아 협약으로 안티오쿠스 3세를 이 지역에서 쫓아내고 버가모 왕국에 주었습니다. BC 133년 이후 로마는 아시아의 주인 역할을 하게 됩니다.

로마의 장군 안토니우스는 갈라디아의 왕인 아민타스에게 산악 지역에서 도적질을 하고 있었던 호모나데시안(Homonadesians) 사람들을 멸하라고 했지만 오히려 BC 25년 아민타스가 전사합니다. 호모나데시안 사람들이 누구인지 정확하게 확인이 안 되지만 서쪽의 피시디아(Pisidia) 지역과 동쪽의 이사우리아(Isauria) 지역 사이에 살면서 산적질을 했던 호전적인 사람들이었습니다.

임명된 지방총독들의 실패에 대한 대안으로 로마는 군대를 이용해서 식민지를 만들어 가기 시작합니다. 먼저 아우구스투스는 첫째, BC 25년 갈라디아 지방을 만들고 이 산악 지역을 갈라디아 지방에 편입시킵니다. 둘째, 로마의 식민지로 만듭니다. 로마의 제대 군인들을 시민으로 정착시켜 행정과 정치의 특권을 주고 해마다 두 명의 로마인 시 행정관을 선택하여 군사 중심지로 만들었습니다. 안디옥은 '가이사랴 식민지'(Colonia Caesareia)라는 이름으로 수도의 위치에 오른 중요한 로마 식민지가 되었습니다. 나중에 총독 아퀼라(Propraetor Cornutus Aquila)는 아우구스투스 황제를 기념하여 폭이 8m인 고속도로, 일명 '비아 세바스테'(Via Sebaste)를 산악 지역에 만듭니다. '세바스테' 란 이탈리아 언어로 '숭배할 만한' 이란 뜻입니다. 글라우디우스 황제(AD 40년대) 때 이곳은 수만 명이 사는 군사도시로 발전합니다.

바울이 활동할 때 이곳은 갈라디아 지방에 속해 있었습니다. AD 292년 디오클레티아누스 황제는 이 산악 지역을 피시디아 지방

(Pisidia Province)이라 하고 안디옥을 수도로 삼게 됩니다.

AD 12세기 이후 지진으로 인해 도시는 폐허가 됩니다.

2) 피시디아 안디옥에서의 바울

바울은 회당에서 구약의 이스라엘 역사에 나타난 하나님의 섭리와 구원의 은혜가 바로 그리스도의 복음으로 이어졌음을 설명합니다(행 13:17-47). 성경에 나오는 바울의 첫 번째 설교입니다. 그러나 유대인들이 경건한 귀부인들과 그 성내 유력자들을 선동하여 바울과 바나바를 핍박하게 하였고, 그 지경에서 쫓아냅니다. 이때 바울은 발의 티끌을 떨어 버립니다.

❧ 회당의 기능

일반적으로 회당은 유대인 남자 성인 10명 이상이 있어야 세워졌으며 ① 집회장소(행 13:43), ② 재판장소(눅 12:11; 행 9:2), ③ 형벌장소(마 10:17; 행 22:19), ④ 예배장소의 기능을 가졌습니다.

❧ 회당에서의 의식

먼저 성경이 히브리어로 낭독되면 일반인들을 위해 그것이 당시 통용되던 아람어나 헬라어로 통역되었습니다. 그리고 ① 쉐마(신 6:4-9) 합창, ② 공중기도, ③ 율법과 선지서 낭독, ④ 설교, ⑤ 축복의 선포 순으로 진행됩니다.

❧ 바울의 설교

바울이 태어난 다소는 학문의 도시로 스토아 학파와 에피쿠로스 학파의 중심지였기에 바울은 어릴 때부터 헬라적 환경에서 자라났습니다. 그래서

성경적으로 바울이 처음으로 설교를 한 회당

바울의 설교에도 헬라적 사고, 즉 예수 안에서 화가 복이 되고, 슬픔이 기쁨이 되며, 죽음이 영생이 된다는 헬라적 사고를 느낄 수 있습니다. 이러한 헬라적 사고를 나중에 헤겔(Hegel)이 학문적으로 체계화하여 정반합의 원리로 설명하게 됩니다.

발의 먼지를 떨어 버리다

유대인들은 자기 나라의 신성을 지키기 위해 이방에서 돌아올 때 먼지를 떨었었습니다. 주님은 복음을 받지 않는 사람에게는 그들과 아무런 상관이 없다는 뜻으로 먼지를 떨어 버리라고 하셨는데(마 10:14), 바울은 그것을 문자적으로 실행하여 안디옥을 나오면서 먼지를 떨어 버립니다(행 13:51).

회당에서 축출된 그리스도인

바울은 어느 지역을 가든지 동족인 유대인들을 구원하려고 먼저 회당을 방문하고 말씀을 나누었습니다. 그러나 유대인들의 그리스도인들에 대한 박해는 계속되었고, AD 62년에 예수님의 형제 야고보를 성전 위에서 밑으로 밀어서 죽입니다. 그 뒤 예수님의 동생 시몬이 예루살렘 교회를 이끌어 가는데, AD 70년 예루살렘이 로마 군인들에게 포위되었을 때 그리스도인들은 요단 강 건너 펠라(Pella)로 피신을 하였습니다. 예루살렘에 남아 있던 유대인들은 이들의 행동에 큰 충격을 받아, 이들을 유대의 한 종파로 인정하지 않고 이단으로 정죄하게 됩니다. 이후 AD 90년 얌니아 회의에서 헬라어 성경을 배격하고 히브리어 성경을 확정함과 동시에 예수 믿는 자들을 회당에서 축출하게 됩니다(유세비우스, 《교회사》).

3) 피시디아 안디옥의 유적들

① 아크로폴리스

고대 헷 족속까지 거슬러 올라가는 역사가 있고, 브루기아인들의 전통적인 지역으로 알려져 있지만, 도시다운 모습을 보여주게 된 것은 셀레오쿠스 이후부터입니다. 셀레오쿠스는 BC 301년 마그네시아에 살던 주민들을 이곳으로 이주시키고 성벽을 건설하여 안디옥이라는 이름의 도시를 완성했습니다.

② 바울 기념 교회

아크로폴리스의 서쪽에 교회의 흔적이 있습니다. 일명 바울 기념 교회입니다. 이곳은 원래 회당 자리였고, 바울이 이 회당에서 복음을 선포했습니다. 나중에 바울을 기념해서 3세기쯤 회당 자리에 조그마한 교회가 세워졌고, 4세기에는 길이 125m, 너비 75m의 교회가 세워졌다고 합니다. 이 교회의 바닥에서 AD 375-381년 이곳의 주교였던 옵티무스(Optimus)의 이름이 새겨진 모자이크가 발견되었습니다(Mehmet Taşlialan, *Pisidian Antioch*). 옵티무스 주교는 안디옥의 대표로 AD 381년 콘스탄티노플 공의회에 참석했습니다.

바울 기념 교회 외에도 두 개의 교회가 발굴되었습니다. 목욕탕 옆에 있는 6세기의 교회, 그리고 티베리우스 광장 앞에 있는 4세기의 중앙교회가 있습니다.

③ 고고학 박물관

폐허가 된 피시디아 안디옥 시 옆에 터키 현지인들이 사는 얄바치(Yalvac) 마을이 있습니다. 마을 안에 있는 고고학 박물관은 고대 안디옥 터에서 발굴된 유물들과 특별히 바울과 관련된 자료들을 전시하고 있습니다.

5
이고니온
(Iconium, 오늘날 Konya)

"이에 이고니온에서 두 사도가 함께 유대인의 회당에 들어가 말하니 유대와 헬라의 허다한 무리가 믿더라"(행 14:1).

1. 이고니온의 역사

이고니온은 해발 1,000m의 고원지대에 만들어진 오아시스로, 오고가는 사람들의 쉼터로 시작되었습니다. 오늘날 시내에 '알라딘 언덕'(Alaaddin Hill)이라 불리는 곳에 아크로폴리스가 만들어졌습니다. 전통적으로 이고니온은 브루기아의 동쪽 끝 도시로 알려져 있습니다. 이고니온은 알렉산더 대왕 이후 헬라와 로마의 지배를 받게 되었습니다. BC 25년 갈라디아의 왕 아민타스가 죽고 난 뒤 이곳은 로마의 갈라디아 지방에 합병되었습니다.

이고니온은 브루기아와 루가오니아의 교차점에 있고 주민들은 브루기아인으로 브루기아 언어를 사용하였습니다. 로마 시대에는 동쪽과 서쪽을 연결하는 도로가 만들어지면서 상업이 크게 성장하게 됩니다.

2. 이고니온에서의 바울

바울과 바나바가 회당에 들어가 복음을 전할 때에 유대와 헬라의 허다한 무리가 믿게 되었지만 순종하지 아니하는 유대인들이 이방인들의 마음을 선동하여 바울과 바나바를 모욕하고 돌로 치려 하자 루스드라로 급하게 움직입니다.

3. 이고니온의 유적들

1) 아크로폴리스(알라딘 언덕)

이고니온의 고대 역사가 담긴 언덕입니다. 그러나 중세의 십자군들이 예루살렘으로 갈 때 이곳을 지나가면서 이슬람 군대와 싸우게 되고, 그때의 전투로 인해 모든 것이 파괴되어 남아 있는 유적이 거의 없습니다.

산악 지역인 피시디아 지방을 연결하는 세바스티안 도로로 이고니온까지 연결되어 있다.

2) 바울 기념 교회

알라딘 언덕 옆에 바울과 바나바를 기념하는 가톨릭 교회가 세워져 있습니다.

3) 실레(Sille)

시내에서 북서쪽으로 약 8km 떨어져 있는데, 초기 그리스도인들이 신앙생활을 했던 동굴 교회와 AD 327년 콘스탄틴 황제의 어머니 헬레나에게 바쳐진 헬레나 교회가 있습니다.

4) 테클라(Thecla) 이야기

바울과 테클라 행전에 보면, 테클라는 이고니온의 한 귀족 출신의 처녀로서 약혼자가 있었습니다. 그런데 테클라는 바울의 복음을 듣고 독신으로 살면서 하나님께 헌신하기로 결정을 내립니다. 그러나 약혼자와의 파혼, 부모님의 반대로 인하여 마을의 큰 문제가 되

평평한 분지인 이고니온 시내에서 서쪽 피시디아 산악 지방을 향하여

었습니다. 바울 일행은 쫓겨나고 테클라는 하나님께 헌신하기로 한 결정을 포기하지 않음으로써 장대에 매달려 화형을 당하게 되었습니다. 화형이 집행될 때 갑자기 비가 내려서 불길이 꺼졌고, 테클라는 맹수에게 던져졌지만 아무런 해를 입지 않았다고 합니다.

　테클라가 피시디아 안디옥에 있을 때 그곳에 살고 있었던 드루배나(Antonia Tryphaena, 롬 16:12) 여왕의 도움을 받게 됩니다. 드루배나는 마크 안토니(Mark Antony)의 손녀요, 네로의 먼 사촌이었습니다. 그녀의 형제 폴레모 2세(Polemo 2)는 AD 38-64년에 본도 지역을 다스렸습니다. 테클라는 8일 동안 드루배나의 집에 머물면서 복음을 전했고 드루배나는 예수님을 영접합니다. 테클라는 남장을 하고 바울을 찾아나섰고 무라에서 바울을 만나는데, 바울은 테클라에게 복음을 전하라는 사명을 주었고, 테클라는 고향인 이고니온으로 돌아왔다가 남쪽으로 210km 떨어져 있는 셀레우키아(Seleucia, 오늘날 Silifke)로 내려갑니다(바울과 테클라 행전 27-41장).

(왼쪽 위부터 시계 방향으로) 1. 실리프케 마을의 테클라 기념 교회
2. 실리프케 마을의 테클라 기념교회 안 3. 마아로울라 마을의 테클라 기념 교회 4. 마아로울라 마을

테클라는 셀레우키아의 한 동굴에 거처를 두고, 낮에는 가난한 자와 병든 자를 간호하고, 밤에는 기도 생활을 하였습니다. 이 소문을 들은 젊은 여자들이 모여들면서 최초의 여자 수도원이 세워지게 됩니다. 후에 박해를 피해 시리아의 마아로울라(Ma'aloula) 마을로 가서 생을 마치게 됩니다.

바울과 테클라 행전

AD 250년경 아시아 지방의 장로가 다메섹에서 로마에 이르기까지 바울의 활동지역을 다니면서 바울에 대한 전설과 전승을 모아서 책으로 펴냈습니다. 이 책에는 바울의 외모를 묘사하는 내용들이 있습니다. 시리아, 터키, 그리스 그리고 로마에 있는 교회나 유적지를 방문하면 가끔 바울의 초상화를 볼 수가 있습니다. 그런데 바울의 얼굴은 거의 비슷합니다. 바로 이 책을 근거로 그렸기 때문입니다.

셀레우키아(Seleucia on the Calycadnus, 오늘날 Silifke)

서쪽 길리기아 지방의 중심도시로서, 셀레우코스가 백성들을 이곳으로 이주시키면서 셀레우키아로 불리게 되었습니다. 나중에 터키가 들어오면서 이름이 실리프케(Silifke)로 바뀌었습니다. AD 359년 비잔틴 제국의 감독들이 이곳에 모여 회의를 했고, AD 375년에는 갑바도기아에서부터 나지안주스 그레고리가 이곳에 왔다갔는데, 이후 테클라를 기념하는 뜻으로 도시 이름을 '테클라의 셀레우키아'로 부르기도 했습니다.

6
루스드라
(Lystra)

"루스드라에 발을 쓰지 못하는 한 사람이 있어 앉았는데 나면서 앉은뱅이가 되어 걸어 본 적이 없는 자라……바울이……바로 일어서라 하니 그 사람이 뛰어 걷는지라"(행 14:8-10).

1. 루스드라의 역사

루스드라는 전통적으로 루가오니아 지방의 한 성읍으로 알려져 있습니다. 그러나 로마의 아우구스투스 황제가 이곳을 로마의 식민지로 만들면서 갈라디아 지방의 남쪽 성읍이 됩니다. 행정적으로 이고니온, 더베와 같이 갈라디아 지방에 속하지만 종족으로는 더베와 같이 루가오니아인들이 살았습니다.

　루스드라에서는 세 가지 언어를 사용하였습니다. 첫째, 라틴어가 공식적인 언어였습니다. 둘째, 모든 사람들이 어느 정도 말할 수 있고 이해할 수 있던 상용어인 헬라어가 있었습니다. 셋째, 루가오니아인들이 평상시 사용하는 루가오니아 언어가 있었습니다.

2. 루스드라에서의 바울

　루스드라에 도착한 바울과 바나바는 발을 쓰지 못하는 사람을 고쳐주고, 시민들은 쓰스와 허메가 사람의 형상으로 내려왔다고 하고, 신당의 제사장은 소와 화관을 가지고 무리와 함께 제사하려는 소동이 일어나게 됩니다(행 14:8-18). 바울과 바나바는 이들을 자제시키고 복음을 전했습니다. 이때 디모데 가족을 만나게 되었을 것입니다. 바울 일행이 루스드라에서 복음을 전하고 있다는 소식을 들은 이고니온의 유대인들이 루스드라까지 찾아와 바울을 돌로 쳐서 죽이려고 하였습니다. 다행히 바울은 죽지 않고 다음 날 바나바와 함께 더베로 향합니다.

3. 루스드라의 위치(추정되는 세 장소)

1) 루스드라 언덕

　하툰사라이(Hatunsaray)에서 북쪽으로 약 2km 떨어진 곳에 있습니다. 피시디아 총독 아퀼라(Propraetor Cornntus Aquila)가 아우구스투스 황제를 기념하여 BC 6년에 세운 고속도로, 일명 '비아 세바스테'(Via Sebaste)가 이곳으로 연결되어 있습니다. 언덕에서 루스드라

하툰사라이 북쪽의 언덕

킬리스트라 마을

의 이름이 새겨진 돌이 발견되어 이고니온(콘야) 박물관에 보관되어 있습니다.

2) 킬리스트라(Kilistra)

킬리스트라는 루스드라 언덕에서 북쪽으로 약 10km 떨어져 있

제4장 바울의 1차 선교여행 97

위치쿠유(일명 1001 교회)

는 마을입니다. 이곳에서 바위를 깎아서 만든 동굴들을 볼 수 있는데, 그중에 동굴 교회도 있습니다. 터키에서는 이 마을의 이름을 '킬리스트라' 라고 합니다. '킬리세' ('교회' 라는 뜻)와 '루스드라' 두 단어가 합쳐져서 만들어진 이름으로 생각됩니다.

3) 위치쿠유(Üçkuyu)

앞의 두 지역은 더베와 약 90km 떨어져 있지만, 위치쿠유는 더베에서 약 15km 정도 떨어져 있습니다. 사도행전 14장 19-21절을 보면, 바울은 돌에 맞아 죽을 뻔했고 일어나 성에 들어갔다가 이튿날 바나바와 함께 더베로 가서 복음을 전했다고 합니다. 즉 바울이 죽도록 돌에 맞아 상처입은 몸으로 약 90km 되는 거리를 하루 만에 걸어갔다고 생각하기는 어렵다는 것입니다. 위치쿠유의 경우, 더베에서 15km 정도 떨어져 있기에 아픈 몸을 이끌고 더베로 갈 수 있다는 것입니다. 이곳은 유난히 돌들이 많아 집집마다 돌로 담을 쌓았습니다. 바울이 돌에 맞았다는 것을 쉽게 연상할 수 있습니다. 또한 돌들로 만들어진 수많은 교회가 있어서 위치쿠유를 '1001 교회'라고도 부릅니다.

쓰스(Zeus)와 허메(Hermes)

옛적에 '쓰스와 허메'라는 두 신이 이 땅에 여행자의 모습으로 찾아왔는데, 사람들은 아주 냉담하게 대했고 오직 필레몬과 바우키스라는 노부부가 융숭한 대접을 베풀었습니다. 신들은 시민의 냉대에 진노하여 홍수로 성읍을 멸하였습니다. 또한 신들은 노부부의 소원을 들어주어, 죽을 때 동시에 죽도록 허락했습니다. 노부부는 죽은 뒤에도 떨어지지 않으려고 제우스 신당을 지키다가 두 그루의 나무가 되었다는 전설입니다. 이 전설에 익숙해 있었던 루스드라인들은 바울에게서 나타난 이적을 보고 바울 일행을 신으로 모시려고 하였습니다(에드거 J. 굿스피드, 《바울》).

디모데 가족(Timotheus Family)

디모데는 루스드라에서 어린 시절을 지냈고 아버지가 헬라인이었기에 어릴 적 할례를 받지 않았습니다. 그러나 이고니온과 루스드라에서 좋은 평판을 얻고 있었습니다. 성경에는 외할머니 로이스, 어머니 유니게(딤후 1:5)만 언급이 되어 있으나, 로마 가톨릭 교회에서는 아버지 부데(=뿌덴테), 큰누이 버시(=프라세데, Prassede), 둘째 누이 푸덴지아나(Pudenziana) 그리고 남자동생 노바투스(Novatus)를 언급하고 있습니다.

디모데후서 4장 21절을 보면, 부데라는 이름이 나오는데, 이탈리아 성경에는 '뿌덴테'로 적혀 있습니다. 로마의 고대 기록에 보면, 이 뿌덴테가 디모데의 아버지이고 로마의 원로원 의원이었다고 합니다. 그리고 그에게 두 딸이 있었는데 프라세데와 푸덴지아나입니다. 프라세데가 로마서 16장 12절에 있는 버시입니다. 즉 버시는 로마에 있었던 기독교인이었음을 알 수 있습니다.

　디모데의 누이들은 후에 로마에서 순교를 합니다. 프라세데 교회는 프라세데를 기념하기 위해 세워졌고, 푸덴지아나 교회는 푸덴지아나를 기념하기 위해 아버지인 부데의 집 위에 세워졌습니다. 이들의 시신은 처음에 로마 노메타나에 있는 브리스길라 카타콤에 안치되어 있다가 나중에 지어진 프라세데 교회로 옮겨졌습니다.

　위의 내용을 볼 때, 바울은 로마에 있었을 때 디모데의 아버지인 부데의 집을 방문했을 가능성이 있다고 볼 수 있습니다.

7
더베
(Derbe)

"루가오니아의 두 성 루스드라와 더베와 및 그 근방으로 가서 거기서 복음을 전하니라"(행 14:6-7).

루가오니아 지방(Lycaonia Province)

　헷 족속은 이곳을 루카(Lukka)로 불렀습니다. 루카는 루(Lu)와 카(kka)의 합성어로 '빛의 땅' 이라는 뜻입니다.

　루가오니아 지방은 남쪽으로 타우루스 산맥, 동쪽으로는 갑바도기아, 북쪽으로는 갈라디아 그리고 서쪽으로는 브루기아와 피시디아까지 경계를 이루고 있습니다(Bilge Umar, *Türkiye'deki Tarihsel Adlar*).

1. 더베의 역사

더베는 전통적으로 루가오니아 지방의 한 성읍이었습니다. 로마가 들어와 갈라디아 지방을 세운 이후 더베는 갈라디아 지방의 남쪽 성읍으로 알려져 있습니다. 더베는 동쪽과 서쪽을 연결하는 요충으로서 해발 900m가 넘는 고원의 조그마한 언덕 위에 세워졌습니다. 예를 들어 동쪽의 길리기아 관문을 지나 서쪽의 이고니온으로 갈 때 반드시 더베를 지나가야 했습니다.

사람들의 왕래가 많아지면서 BC 1세기 로마의 황제는 이곳에 건물을 많이 세웁니다. 그리스의 역사가 스트라보(Strabo)도 더베를 '세관 종점'이라고 불렀습니다. 그러나 이렇다 할 산업이 발전하지 못했습니다. 이곳에 루가오니아인들이 대부분 살고 있지만 그 외에 헬라인, 로마인 그리고 유대인들이 함께 살았습니다.

2. 더베에서의 바울

더베는 바울과 바나바가 1차 선교여행 중 핍박을 받지 않은 유일한 마을이라고 할 수 있습니다. 성경은 바울의 더베 활동에 대해서 언급하고 있지 않습니다.

터키인들은 더베의 아크로폴리스였던 곳을 '케르티 휘육'(Kerti Höyük)이라고 부르는데, 과거의 흔적이 하나도 없는 자그마한 언덕입니다. 참고로 가이오가 이곳에서 출생했다고 합니다. 가이오는 바울과 함께 헌금을 모아 예루살렘에 같이 올라갔던 이로(행 20:4),

나중에 사도 요한에 의해서 버가모의 첫 감독으로 임명되었다는 이야기가 전해지고 있습니다.

더베 언덕 위에 선 바울과 바나바의 결정

성경을 보면, 이들은 더베에서 1차 선교여행을 마치고 다시 안디옥으로 돌아갑니다. 그렇다면 더베에서 남동쪽을 바라보면 다소를 거쳐 안디옥까지 약 260km입니다. 그러나 이들은 짧고 편안한 길을 선택하지 않고 조금 전까지 어려움을 겪었던 죽음과 고통의 장소를 지나 안디옥으로 돌아갑니다. 왜 그랬을까요? 초신자들의 마음을 굳게 하기 위해(행 14:21-22) 다시 방문한 것이었습니다. 복음은 한 번 전하는 것이 아니라 복음을 들은 사람이 믿음 안에서 확실히 정착할 때까지 계속해서 관심을 가져 주어야 한다는 것을 보여주고 있습니다.

바울과 바나바는 더베를 떠나 다시 루스드라, 이고니온 그리고 피시디아 안디옥으로 돌아가서 제자들의 마음을 굳게 하여 이 믿음에 거하라고 권하고, 각 교회에서 장로들을 택하여 금식 기도하며 저희를 그 맡은 바 주께 부탁하고 피시디아를 거쳐 밤빌리아에 이르게 됩니다(행 14:21-24).

8
앗달리아
(Attalia, 오늘날 Antalya)

"도를 버가에서 전하고 앗달리아로 내려가서 거기서 배 타고 안디옥에 이르니……"(행 14:25-26).

앗달리아(Attalia)는 현재 안탈리아(Antalya)로 소아시아 남서쪽 지중해 연안에 있는 밤빌리아 지방의 중요한 항구도시 가운데 하나입니다. 이곳은 버가모 왕국의 아탈루스 2세(Attalus 2, BC 160-139)가 부하에게 세상에서 가장 아름다운 장소, 즉 천국을 찾으라고 명령한 뒤 이곳을 찾아 도시를 세우게 되었고 그의 이름을 따서 '앗달리아'라고 명명하였습니다.

바울의 1차 선교여행의 마지막 목적지는 더베였습니다. 모든 일

1차 선교여행의 끝 부분인 앗달리아 항구

제4장 바울의 1차 선교여행 103

정을 마친 바울과 바나바는 더베에서 다시 피시디아 산악 지역을 거쳐 버가에 도착합니다. 처음 바울 일행이 구브로의 바보 항구에서 출발하여 버가에 왔을 때에는 이렇다 할 사역 이야기가 없었습니다. 혹 마가라 하는 요한의 문제 때문이었는지, 아니면 피시디아 안디옥에 빨리 가서 복음을 전하려고 했는지 모릅니다. 그런데 돌아오는 길에 버가에 도착했을 때는 사역을 하며 복음을 전했습니다. 이후 바울과 바나바는 앗달리아로 내려가 항구에서 배를 타고 1차 선교여행의 출발지였던 시리아 안디옥으로 귀환합니다(행 14:24-26).

현재도 안탈리아 항구에 가면 바울과 바나바가 배를 탔던 장소가 남아 있습니다.

9
안디옥의 문제와
예루살렘 회의

"어떤 사람들이 유대로부터 내려와서 형제들을 가르치되 너희가 모세의 법대로 할례를 받지 아니하면 능히 구원을 얻지 못하리라 하니 바울과 바나바와 저희 사이에 적지 아니한 다툼과 변론이 일어난지라 형제들이 이 문제에 대하여 바울과 바나바와 및 그 중에 몇 사람을 예루살렘에 있는 사도와 장로들에게 보내기로 작정하니라"(행 15:1-2).

1. 유대주의자들과의 싸움

1차 선교여행을 마치고 안디옥에 돌아왔을 때 유대주의자들이 기다리고 있었습니다. 이들은 안디옥의 성도들에게 혼동을 일으켰습니다. 유대주의자들이란 유대교로 복귀하려는 그리스도인들을 말합니다. 기독교를 유대식으로 믿도록 율법을 강조하는 사람들이었습니다. 예루살렘의 유대인들은 이렇게 주장합니다.

① 예수님도 할례를 받았다.
② 예수님이 "율법의 일점 일획이라도 반드시 없어지지 아니하고 다 이루리라"(마 5:18)고 말씀하셨다.
③ 예수님이 나병환자에게, "네 몸을 제사장에게 보이고 네 깨끗케 됨을 인하여 모세의 명한 것을 드려 저희에게 증거하라"(막 1:44)고 하셨다.

즉 메시아 예수님이 율법에 철저했다면 예수님의 제자들도 율법의 요구에 복종해야 한다고 유대주의자들은 주장했습니다. 그러나 바울은 예수님의 정체성 자체가 더 중요하다고 주장합니다. "누구든지 그리스도 안에 있으면 새로운 피조물이라 이전 것은 지나갔으니 보라 새것이 되었도다"(고후 5:17). 이 말씀을 보면, 바울이 보는 메시아는 율법에 대한 대안이었습니다. 유대주의자들과의 논쟁에서 결론이 나지 않으므로 예루살렘 성도들에게 이 문제의 해결을 부탁합니다.

2. 예루살렘으로 향하는 바울

예루살렘으로 향하는 바울의 마음을 두 가지로 표현할 수 있겠습니다.

첫째, 바울의 담대함입니다.

예수님을 다메섹 도상에서 만난 이후 바울은 길리기아, 수리아 그리고 갈라디아 지방을 다니면서 하나님의 역사하심을 체험하였고, 이방인들을 향한 하나님의 사랑을 확실히 알게 되었습니다. 이방인들의 구원은 예수님을 그리스도로 고백하는 믿음에서 이루어지는 것이지 율법을 지킴으로 이루어지지 않는다고 바울은 담대하고 당당하게 주장하였습니다. 바울은 이 담대함으로 예루살렘을 향하여 나아갔을 것입니다.

둘째, 바울의 근심입니다.

담대하게 외치는 바울도 사람이기에 조금이나마 흔들림이 있었을 것입니다. 지난번 예루살렘 방문 때도 예수님의 제자들을 만나고자 했지만 겨우 베드로와 예수님의 동생 야고보만 만날 수 있었던 좋지 않은 기억도 있습니다. 이번 역시 자신의 생각이 옳다고 생각하지만, 만약 예루살렘 성도들이 자신의 손을 들어주지 않는다면 어떻게 해야 할까 고민했을 것입니다.

① 이방인 성도들에게 할례를 받아들이라고 요구해야 하나?
② 아니면 예루살렘 교회와 결별하고 이방인 성도들에게 할례 받지 말라고 할까?
③ 더욱 참을 수 없는 것은 자신의 믿음이 거짓으로 판명난다는 것입니다. 이러한 혼란스런 마음을 가지고 바울은 예루살렘으로 향했을 것입니다.

바울의 서신을 보면 한순간도 주저함 없이 복음을 전파하는 바울의 담대함을 느낄 수 있는데, 이 상황에서도 바울은 근심하기보다는 오히려 당당하고 담대하게 예루살렘을 향하여 나아갔을 것입니다.

3. 예루살렘 회의의 결론

예루살렘 교회는 바울의 손을 들어주었습니다. 즉 이방인 성도들에게 율법에 따른 할례를 강요하지 않기로 하고 단지 네 가지를 금지시켰습니다(행 15:29).

① 음행하지 말라.
② 우상에게 바쳐진 제물을 먹지 말라.
③ 피째 먹지 말라.
④ 목매달려 죽은 동물을 먹지 말라.

예루살렘 교회가 결정한 내용들을 객관적으로 알리기 위해 바사바라 하는 유다와 실라를 뽑아 바울 일행과 함께 안디옥으로 보냅니다(행 15:22).

예루살렘 회의는 예루살렘의 어느 곳에서 열렸을까?

먼저 그 당시 제자들에 의해 많이 사용되었던 마가의 다락방이 있습니다. 마가의 다락방에서 어떤 일들이 있었는지 알아보겠습니다.

① 예수님이 로마군에게 체포되기 전날, 12제자와 함께 마지막 유월절 만찬을 나누셨습니다(막 14:12-25; 눅 22:7-13).

② 예수님께서 승천하신 후 가룟 유다 대신 맛디아를 제자로 선출한 장소입니다(행 1:12-26).

③ 제자들이 예루살렘을 떠나지 않고 같이 모여 기도하던 곳이며 처음 오순절 성령이 강림하신 곳입니다(행 2:1-3).

이렇듯 마가의 다락방은 중요한 일이 있을 때마다 모였던 제자들의 모임 장소였습니다. 그렇다면 정확하지는 않지만, 예루살렘 회의가 이곳에서 열리지 않았을까요?

4. 예루살렘 교회의 지도자였던 예수님의 동생 야고보는 왜 바울에 동의했나?

그 당시 유대인들은 로마 제국과 갈등이 있었습니다. 이에 유대인들은 서로 단합하고 어려움을 극복해야 하는 시기였습니다. 그런데 만일 유대교에 애정이 없는 사람들이 그저 할례를 받아 유대인이 된다면 성전과 율법을 위해 생명을 바칠 수 있을까요? 이들은 모세의 추종자가 아니라 예수님의 추종자들이기에 유대인의 성전과 율법을 위해 충성할 수 없을 것으로 생각했을 것입니다. 즉 이방인이 할례를 받아 유대인이 되었지만 성전과 율법에 충실하지 않을 바에는 차라리 할례를 받지 않고 이방인 성도로 남는 것이 더 나았을 것입니다(제롬 머피 오코너, 《바울 이야기》).

❦ 예루살렘 교회의 지도자는 예수님의 동생 야고보였습니다.

잘 아는 대로, 베드로는 12제자 중에서 가장 대표적인 인물입니다. 그러나 베드로는 우리가 알고 있는 것과 다르게 예수님을 세 번이나 모른다고 했던 것 때문인지 모르지만 자기 스스로는 나약하다는 의식을 가지고 있었던 것 같습니다. 그래서 늘 겸손했습니다. 예루살렘 교회에서 다른 모든 사도들이 베드로를 대표로 인정하지만 사도행전을 읽다 보면 예수님의 친동생 야고보가 예루살렘 교회의 중심에 서 있고 오히려 베드로는 바깥으로 다니는 것을 보게 됩니다.

예를 들면 베드로는 사마리아에 가서 살펴보는 일이라든지, 욥바에 가서 사역하는 것이나 가이사랴에 가서 고넬료의 가정을 방문하고 나중에 안디옥을 한 번 방문하는 것이 보입니다. 더 나아가서 베드로전서 5장 13절에 있는 바벨론이 실제 바벨론이라면 베드로는 예루살렘에서 아주 먼 메소포타미아 지역까지 복음을 전하려고 다녔던 것을 볼 수 있습니다.

이렇게 베드로가 바깥으로 다닐 때 예수님의 동생 야고보는 예루살렘 교회의 지도자로 일했습니다. 유대교에서 종교 지도자는 세습제이므로 예수님의 가족 중에서 가장 가까운 동생이 지도자로 부상하였는지, 아니면 야고보의 신앙과 지도력이 그를 예루살렘 교회의 지도자로 만들었는지 전혀 알 길이 없습니다. AD 62년 예수님의 형제 야고보는 유대인들에 의해 성전 위에서 떨어져 순교를 하는데, 이후 예수님의 다른 동생 시몬이 예루살렘 교회의 지도자가 되었습니다.

예루살렘 교회의 퇴보

예루살렘 교회는 예수님의 제자들과 함께 성령을 받으면서 뜨겁게 시작했지만 히브리파와 헬라파, 할례당과 무할례당 등으로 나뉘면서 갈등이 끊이지 않았습니다. 스데반의 순교 사건 이후 그리스도인들은 예루살렘을 떠나 흩어지게 되는데, 할례당 교인들은 여러 지역을 순회하면서 개척된 교회들을 혼란에 빠뜨렸습니다. AD 66년 이후 유대인들은 로마에 반란을 일으키는데(유대인의 첫 번째 반란 : AD 66-70년), 로마 군인들의 예루살렘 침공 직전 예루살렘 교회 성도들은 전쟁을 피해 펠라(Pella)로 피신을 갔고, 어정쩡한 교인들은 다시 유대교로 돌아가 버리기도 했습니다. 결국 예루살렘 교회는 존재하지 않게 되었습니다.

5. 이방인과의 식탁 교제 문제

예루살렘 회의가 끝나고 바울의 2차 선교여행이 있기 전, 베드로가 안디옥에서 이방인들과 음식을 먹고 있다가 예수님의 형제인 야고보가 보낸 사신들이 안디옥에 왔다는 소식을 듣고 몰래 도망을 가게 됩니다. 이 상황을 두고 바울은 베드로를 책망합니다(갈 2:11-14).

유대인들의 이방인과의 식탁 교제는 안디옥 성도들 사이에서 큰 문제였다고 볼 수 있습니다. 이방인 성도들 안에 여러 부류가 있었을 것입니다.

① 이방인 성도들 중 일부는 할례를 받아들이고 유대인이 되었을 것입니다.

② 일부는 할례를 받지는 않았지만, 유대인 형제들에게 무례를 범하지 않기 위해 유대인들의 식사법을 지켰을 것입니다(유대인들은 돼지고기와 제사에 사용된 고기를 먹지 않습니다).

③ 유대인들이 이방인을 거절한 것처럼, 유대인들의 정서를 거절하는 이방인 성도들도 있었을 것입니다.

제5장
바울의 2차 선교여행

바울과 바나바는 주의 말씀을 전한 형제들이 어떻게 지내는지 알아보기 위해 각 성을 다시 방문하기로 합니다. 그런데 마가라 하는 요한을 데리고 가자, 말자 하다가 결국 바나바는 마가를 데리고 구브로로 가고, 바울은 실라를 택하여 안디옥을 출발합니다(행 15:36-40).

다소에서 길리기아 관문까지 연결된 도로

1
바울과 바나바의 갈등

1. 1차 선교여행 시 버가에서 예루살렘으로 돌아가 버렸던 마가라 하는 요한은 왜 2차 선교여행에 동참하려고 했을까?

첫째, 아마도 전도자로서 훈련이 부족했던 요한은 예루살렘 교회의 성도들과 2-3년 동안 함께하면서 많은 것을 배웠을 것이고, 1차 때의 실수를 만회하려고 2차 선교여행에 동참하려고 했을 것입니다.

둘째, 예루살렘 회의에서 이방인들에게 할례를 받게 할 필요가 없다는 결정이 있었는데, 할례당이었던 요한은 이 결정을 겸허히 받아들여 더 이상 바울과 싸울 이유가 없어졌습니다. 마침 2차 선교여행을 위한 바나바의 부름이 있었고, 요한은 이 부름을 받아들여 안디옥에 왔을 것입니다.

그러나 바울은 마가라 하는 요한을 팀의 일원으로 받아들이지 않습니다. 결국 바나바는 요한을 데리고 구브로로 가고, 바울은 실라(Silas)와 함께 지난번 선교를 했던 갈라디아 남부 지역을 향하여 출발합니다.

2. 바울은 왜 실라를 데리고 갔을까?

첫째, 유대 그리스도인들이 이방인들도 할례를 받아야 한다고 주장할 때 예루살렘 회의에 참석했고, 회의의 결정을 담은 공문서를 안디옥, 시리아 그리고 길리기아의 성도들에게 알렸던 당사자인 실라가 선교여행에 동참할 경우 더욱 효과적이라고 생각했을 것입니다.

둘째, 선교여행은 로마 제국 내에서 이루어지는 것으로, 로마 시민권자는 자유롭게 여행을 할 수 있었는데, 실라가 바로 로마 시민권자임을 바울은 알고 있었다는 것입니다.

바울과 실라는 아믹 평야, 아마누스 산맥의 앗시리아 관문을 거쳐 알렉산드레타(알렉산더 대왕이 앗시리아 관문을 점령하기 위해 세운 마을, 오늘날 이스켄더룬), 길리기아 평야, 다소를 지나 타우루스 산맥을 넘을 때까지 수리아와 길리기아의 교회들을 방문하고 굳게 합니다(행 15:41).

2
길리기아 관문
(Cilicia Gates)

길리기아 관문은 타우루스 산맥(Taurus Mountains)을 넘어가는 조그마한 골짜기입니다. 원래는 폭이 2-3m, 해발 1,050m였습니다. 길리기아 지방에서 소아시아 내륙으로 들어가려면 반드시 넘어야 하는 곳, 반대로 소아시아 내륙에서 길리기아, 시리아로 가려면 반드시 넘어야 하는 곳, 그곳이 바로 길리기아 관문입니다. 산세가 험해 겨울에는 다니기 어려웠습니다.

1. 길리기아 관문의 비문

관문 옆에 큰 돌이 있는데, '알렉산더 대왕의 돌'이라고 불립니다. 그 안에 이 관문을 넘어갔던 사람들의 이름이 적혀 있는데, 세미라미스, 고레스, 알렉산더 대왕, 하드리아누스 황제의 이름이 있습니다. 이들은 세계사에 영웅으로 불리는 사람들입니다. 그러나 자기의 욕구와 욕망을 성취하기 위해 군인들을 동원해 많은 사람들을 죽인 사람들입니다. 즉 이들의 발걸음은 사람들을 죽이기 위한 발걸음이었습니다. 그러나 바울은 사람들에게 영원한 안식처를 알리기 위해 이 관문을 넘어갔습니다. 바울의 발걸음은 사람들을 살리기 위한 발걸음이었습니다. 그렇다면 우리의 발걸음은 어떤 발걸음이 되어야 하겠습니까?

2. 백향목(Cedar)

향나무와 삼나무 같은 침엽수를 총칭하는 이름으로 정식 이름은

동방과 서방을 연결한다는 타우루스 산맥에 있는 길리기아 관문

길리기아 관문의 바위에 새겨져 있는 비문

'개잎갈나무'입니다. 일반적으로 히말라야 산맥과 지중해 지역에 분포되어 있는데, 향기가 좋고 내구력이 강해 건축, 조각, 가구에 쓰였습니다. 또한 백향목은 그 자태에서 부귀와 영광을 상징합니다. 성경에 보면, 솔로몬 왕은 이스라엘 땅에도 가볍고 단단하며 잘 썩지 않아서 최고의 목재로 사랑을 받았던 뽕나무가 있었지만, 히람으로부터 백향목을 수입하여 성전 건축 자재로 사용하였습니다. 이러한 백향목이 터키의 남동부, 타우루스 산맥에도 널리 분포되어 있는데, 이것을 '토로스 백향목'(Toros Sedir)이라고 합니다.

바울은 솔로몬 왕이 자기 정권의 부귀와 영화를 열방에 알리려는 목적으로 사용하였던 백향목을 보면서 타우루스 산맥을 넘었을 것입니다. 과연 바울은 무슨 생각을 했을까요? 세상의 부귀와 영화는 순간이고 주님께서 주시는 부귀와 영화는 영원이로다!

3
루스드라에서 디모데를 택한 바울

루스드라에 있는 십자가 교회

바울은 실라와 함께 타우루스 산맥을 넘어 더베, 루스드라와 이고니온을 방문합니다. 바울은 디모데 가족과 교제를 하며, 루스드라와 이고니온에 있는 형제들에게 칭찬받는 디모데를 선교여행에 동참시킵니다. 이때 디모데의 부친이 헬라인이라는 것을 알고 있는 유대인들이 있었기에 바울은 디모데를 데려다가 할례를 시킵니다. 유대인들은 이방인들과 함께 다니지도 않고, 함께 식사도 하지 않는 전통이 있었기 때문이었습니다(행 16:1-3).

4
성령의 인도하심
(갈라디아, 브루기아, 아시아, 비두니아, 무시아)

"성령이 아시아에서 말씀을 전하지 못하게 하시거늘 브루기아와 갈라디아 땅으로 다녀가"(행 16:6).

바울은 지난번 여행 때 들렀던 피시디아 안디옥을 실라 그리고 디모데와 함께 방문하고 성도들과 교제를 합니다. 그리고 서쪽으로 발걸음을 돌려 아시아로 가려 했지만 성령이 허락하지 않으십니다.

갈라디아 지방(Galatia Province)

켈트 족은 인도 · 유럽어 족의 일파로 BC 2000년경부터 유럽에 흩어져 살고 있던 민족으로, BC 300년대에는 트라키아 지방까지 들어와 약탈을 하면서 살았습니다. 그러던 중 비두니아 왕의 요청으로 만 명의 군인, 만 명의 여자와 아이들, 총 2만 명의 켈트인들이 소아시아 땅에 발을 디디게 됩니다.

BC 278-277년 비두니아 왕 니코메데스 1세(Nicomedes 1)는 프톨레마이오스 왕국의 도움을 받는 동생, 지포이테스 2세(Zipoites 2)를 물리치기 위해 보스포러스 해협까지 와 있던 켈트인들을 용병으로 부릅니다. 켈트인들은 프톨레마이오스 왕국의 군인들을 파플라고니아(Paphlagonia, 비두니아와 본도 사이의 흑해 지역)에서 무찌르고 그 대가로 세 지역을 얻고 그 지역을 중심으로 정착하게 됩니다. 로마인들은 이들을 '가울인들', 그리스인들은 '갈라타에' 라고 불렀으며 이들의 나라를 '갈라티아' 라고 불렀습니다. 성경에서는 이들의 땅을 '갈라디아' 라고 합니다.

승리의 상징으로 닻들을 가져와 보관하였던 갈라디아인들의 수도 앙카라

갈라디아 세 부족에게 주어진 세 지역은 다음과 같습니다.

① 페시누스(Pessinus) : 톨리스토보기(Tolistobogii) 부족의 수장인 페시누스는 사카르야 강(Sakarya River) 서쪽의 '왕의 도로' 가 지나가는 브루기아의 종교적인 도시를 선물로 받고 자기의 이름을 따서 페시누스라고 불렀습니다. 이곳은 원래 브루기아 왕국의 신화적인 수도였습니다. 브루기아 왕국의 미다스 왕은 어머니 키벨레(Cybele)를 여신으로 만들고, 키벨레 신전을 만들어 백성들로 하여금 섬기도록 하였습니다.

② 앙키라 또는 앙케리움(Ankyra 또는 Ankerium) : 텍토사게스(Tectosages) 부족은 흑해의 바닷가 전투에서 이긴 후 승리의 상징으로 닻들을 전리품으로 가져와 신전에 보관했습니다. 나중에 닻으로 가득 찬 신전이 있는 지역을 '닻의 도시' 로 부르면서 도시의 이름이 앙키라 또는 앙케리움이 되었습니다.

③ 타비움(Tavium) : 트로크미(Trocmi) 부족은 헷 족속과 브루기아인들이 먼저 정착했던 곳에 정착하였습니다. 이곳은 왕의 도로, 아시아 그리고 흑해–수리아 도로가 지나가는 전략적인 장소였기에, 그리스 시대에는

'Taouion', 'Tabia' 그리고 'Tabeia'로 불렸고, 로마 시대에는 'Tavia', 'Tavium'으로 불렸습니다. Ta는 '코마나'(Comana, 오늘날 Gümenek) 도시를, Via는 도로를, 다시 말하면, 동쪽으로 약 200km 떨어져 있는 본도 지방의 도시인 '코마나로 가는 길'이라는 뜻을 가진 이 도시는 사람들의 이동이 많아지면서 발전하게 되는데, 특히 포도주를 만들어 큰 수익을 올렸습니다.

갈라디아인들은 금발 또는 붉은 머리털에 푸른 눈을 가진 사납고 거친 야만인들이었습니다. 한 곳에 정착해서 살기보다는 이곳저곳 옮겨다니며 사는 활동적인 사람들이었습니다. 이들은 중앙 아나톨리아의 고원지대에 정착을 했지만 아시아의 비옥한 땅을 쟁취하려고 끊임없는 전쟁을 하게 됩니다. 그러나 버가모 왕국과의 싸움에서 패하고, BC 190년 마그네시아 전투와 BC 188년의 아페메이아 협약 이후 갑바도기아 또는 본도에 예속이 되기도 합니다. BC 64년 폼페이우스의 도움으로 데이오타루스(Deiotarus)가 갈라디아의 왕으로 임명이 되면서 갈라디아 왕국이 시작되지만, BC 29년 왕위에 오른 아민타스(Amyntas) 왕이 BC 25년의 전쟁에서 전사를 합니다. 아민타스 왕이 죽으면서 로마는 갈라디아 지방을 만들고 수도를 앙키라(Ankyra)로 정합니다.

브루기아 지방(Phrygia Province)

브루기아(Phrygia)는 트라키아 지방의 한 종족 프리게스(Phryges)에서 유래되었습니다. 브루기아인들은 BC 1200년 소아시아에 들어와 헷 족속을 물리치고 사카르야 강(Sakarya River) 근처를 중심으로 정착을 합니다. BC 8세기 초에는 골디온(Gordion)을 수도로 정하고 번성하게 됩니다. 그런데 BC 675년경 이란 지역의 유목민족인 스키타이인(Scythian)과 코카서스 지역의 유목민족인 킴메르인(Cimmerian)이 소아시아로 들어와 브루기아 왕국을 멸망시킵니다. 이후 리디아 왕국, 버가모 왕국, 셀레우코스 왕조와 갈라디아인들의 지배

브루기아 지방의 미다스 마을

를 받고, BC 133년에는 로마가 들어옵니다. 로마는 BC 25년 이 지역을 갈라디아 지방에 편입시킵니다.

1. 바울의 갈라디아 방문

갈라디아서 4장 13절에 '처음에'라는 말이 있는데, 이 단어의 원뜻은 '처음에' 또는 '원래'로 번역될 수 있습니다. '처음에'로 번역한다면, 바울이 갈라디아를 한 번 이상 방문했음을 암시하게 됩니다. 그러나 갈라디아서 1장 6절을 보면, 갈라디아인들이 주님의 은혜를 받은 지 얼마 되지 않아 하나님으로부터 등을 돌렸다고 합니다. 이 뜻에 의하면 '원래'로 번역될 수 있습니다. 이러한 번역의 차이는 갈라디아 서신의 쓰여진 연대와 장소까지 다르게 추측하게 합니다. 바울이 방문했던 갈라디아 교회는 과연 어디에 있을까요?

1) 북갈라디아설

갈라디아 켈트 족속에게 복음을 전하고 교회를 세웠다는 주장으로, 갈라디아인들이 살고 있었던 중심지역은 페시누스, 앙키라 그리고 타비움입니다. 북갈라디아설이 맞다면, 바울은 실라 그리고 디모데와 함께 아나톨리아의 중부 지역을 지날 때 병에 걸리고 병을 고칠 때까지 상당 시간을 머무르게 됩니다. 이때 갈라디아 사람들은 바울을 업신여기지 아니하고, 버리지도 아니하고, 예수님과 같이 영접하였고, 할 수 있다면 눈이라도 빼어 줄 만큼 바울을 극진히 간호하였고 결국 바울의 병은 나았습니다. 이런 가운데 바울은 갈라디아 지역에 교회를 세우게 됩니다. 제롬은 바울 일행이 페시누스(Pessinus, 오늘날 Ballihisar)를 지나갔다고 주장합니다.

지나간 루트를 보자면, 안디옥을 떠난 바울 일행은 신나다(Synnada, 오늘날 Şuhut), 프림네수스(Prymnessus, 오늘날 Sülün), 도시미움(Docimium, 오늘날 Iscehisar), 페시누스(Pessinus, 오늘날 Ballihisar), 미다스 도시(Midas city), 도릴래움(Dorylaeum, 오늘날 Şarhöyük in Eskişehir), 코티에움(Cotiaeum, 오늘날 Kütahya), 아이자노이(Aizanoi, 오늘날 Çavdarhisar)를 거쳐 서쪽 드로아로 간 것으로 추정할 수 있습니다.

2) 남갈라디아설

로마의 행정구역을 말한다고 주장합니다. 람세이는 바울의 1차 선교지역, 즉 더베, 루스드라, 이고니온 그리고 피시디아 안디옥을 주장하고 있습니다. 남갈라디아설이 맞다면, 바울 일행은 피시디아 안디옥을 방문하고 아시아로 가려고 했지만 성령이 허락하지 않았기에 북쪽으로 향하게 됩니다.

지나간 루트를 보면, 신나다(Synnada, 오늘날 Şuhut), 프림네스스(Prymnessus, 오늘날 Sülün), 도시미움(Docimium, 오늘날 Iscehisar), 미다스 도시(Midas city), 도릴래움(Dorylaeum, 오늘날 Şarhöyük in Eskişehir), 코티에움(Cotiaeum, 오늘날 Kütahya), 아이자노이(Aizanoi, 오늘날 Çavdarhisar)를 거쳐 드로아로 갔을 것입니다.

2. 바울의 질병

육체의 가시인 질병을 고치기 위해 바울은 세 번 하나님께 간구했다고 합니다. 일반적으로 간질병, 말라리아, 눈병 그리고 신경쇠약을 언급합니다. 그중에 눈병일 가능성이 높습니다. 다음의 말씀을 보면 그렇습니다.

① "눈이라도 빼어 나를 주었으리라"(갈 4:15).
② "내 손으로 너희에게 이렇게 큰 글자로 쓴 것을 보라"(갈 6:11).
③ "이 편지를 대서하는 나 더디오"(롬 16:22).
④ "사흘 동안을 보지 못하고"(행 9:9).
⑤ "나는 그가 대제사장인 줄 알지 못하였노라"(행 23:5).

F. F. 브루스는 바울이 눈병 때문에 골로새 출신 에바브라에게 브루기안 돌을 재료로 만든 안약 가루를 부탁했다고 합니다.

3. 성령은 왜 바울이 아시아에서 말씀 전하는 것을 허락하지 않았을까?

바울은 실라와 함께 디모데를 데리고 아시아의 중심도시인 에베소로 직행하려고 했습니다. 교통의 중심이 되는 대도시를 본거지로 삼아 전도하는 것은 바울의 전도전략이고, 그것은 효과적이고도 당연한 생각이었습니다. 그러나 성령께서는 바울이 에베소로 가서 온 아시아에 복음 전하는 것을 막으셨습니다. 갈라디아와 브루기아를 지날 때도 잘 몰랐습니다. 비두니아를 지나 무시아의 드로아에 도착했을 때 바울은 왜 하나님이 아시아에서 말씀 전하는 것을 허락하지 않으시는지를 환상을 통해 알게 되었습니다(행 16:7). 즉 마케도니아에 가서 복음을 전하라는 것이었습니다(행 16:10). 유럽의 전도가 아시아보다 더 시급했던 것 같습니다.

아시아 지방(Asia Province)

버가모 왕국의 아탈로스 3세가 BC 133년에 버가모 왕국을 로마에게 바치면서 로마의 소아시아 지역에 대한 지배가 시작이 되는데, 로마는 BC 129년 버가모를 수도로 아시아 지방을 만들게 됩니다. 로마 제국 시절, 아시아 지방은 북쪽으로 비두니아, 남쪽으로 루기아 그리고 동쪽으로는 갈라디아와 경계를 두고 있었습니다.

① 아시아라는 말은 헷 족속의 '아수와'(Assuwa)에서 온 것인데, 고대 그리스의 지리학자인 아마시아 출신 스트라본은 BC 7세기 밀레도에서 온 이주자들에 의해 세워진 아미소스(Amissos, 오늘날 삼순)와 바울의 고향 다소(Tarsus)에 있는 키드누스 강을 경계로 서쪽을 아시아라고 하였습니다. 그리고 아시아라는 개념이 동쪽으로 퍼졌을 때 아시아의 동쪽 지역을 소아시아라고 부르게 되었다고 합니다.

② 아나톨리아라는 말은 그리스어 '아나톨레'(Anatole)에서 온 것으로, '동쪽 또는 해돋이'를 뜻합니다. 정확한 범위는 시대에 따라 다른데, 처음에는 터키 서해안의 이오니아 식민지를, 비잔틴 제국의 황제 콘스탄티누스 7세(AD 913-959)가 아시아 영토를 14군관구로 나누었을 때 에게 해에 닿아 있는

서해안 지방을, 지금은 터키 전체를 아나톨리아라고 부르고 있습니다.

비두니아 지방(Bithynia Province)

비두니아는 소아시아의 북서부에 위치하면서 북쪽으로는 흑해, 동쪽으로는 파플라고니아(Paphlagonia), 서쪽은 마르마라 해(Marmara Sea), 남쪽은 무시아 지역과 경계를 두고 있었습니다. 비두니아라는 말은 BC 2000년경 트라키아 지방에서 이주해 온 부족 비두니(Bithyni)에서 나왔습니다. 비두니아인들은 BC 2세기에 왕국을 세웠는데, BC 74년에 로마의 속주가 됩니다. BC 62년에는 본도와 병합되어 속주 비두니아 본도(Bithynia et Pontus)가 되었습니다.

이 땅에 기독교가 어떤 경로를 타고 들어왔는지는 분명하지 않으나, 바울 이후에 이곳에 교회가 있었던 것은 베드로전서 1장 1절 말씀에서 알 수 있습니다. 2세기 초에는 많은 신자들이 있었다고 합니다. 교회 역사를 보면, 나중에 비두니아의 두 도시 니케아와 칼케돈에서 종교회의가 개최되었습니다.

무시아 지방(Mysia Province)

소아시아 서북부의 한 지방인데, 헬레스폰트(Hellespont) 해협의 남쪽에 위치하고 있습니다. 무시아란 말은 브루기아인들과 같이 아시아에 침입한 트라키아 지방의 부족 '무시'(Mysi)에서 파생한 것으로 알려져 있습니다. 경계선은 시대에 따라 달라 확실하지 않으나 대체적으로 남쪽으로는 루디아, 동남쪽으로는 브루기아, 동북쪽으로는 비두니아와 각각 접경하고 있었습니다.

이 지방은 페르시아 그리고 알렉산더 대왕의 지배를 받았습니다. BC 280년부터 버가모 왕국의 일부가 되고, BC 133년 로마에 속하여 속주 아시아(Provincia Asia)의 일부로 포함됩니다. 바울은 2차 선교여행 때 이 땅을 통과했지만 선교 활동에 대한 언급이 없습니다.

전승에 의하면 이 지역의 복음화는 오네시보로(Onesiphorus)라는 인물에 의해 이루어졌다고 합니다. 그는 AD 109-114년 아시아의 총독이었던 아드리안(Adrian)때 파리움(Parium, 오늘날의 차낙칼레)에서 순교했다고 합니다. 무시아의 서부 연안에는 드로아와 앗소 등의 성읍들이 있습니다.

5
드로아
(Alexandria Troas, 오늘날 Dalyan)

"드로아로 내려갔는데 밤에 환상이 바울에게 보이니 마게도냐 사람 하나가 서서 그에게 청하여 가로되 마게도냐로 건너와서 우리를 도우라 하거늘 바울이 이 환상을 본 후에 우리가 곧 마게도냐로 떠나기를 힘쓰니 이는 하나님이 저 사람들에게 복음을 전하라고 우리를 부르신 줄로 인정함이러라"(행 16:8-10).

1. 드로아의 역사

드로아는 BC 310년 알렉산더 대왕의 친구이자 장군인 안티고노스 1세(Antigonos 1)가 여러 개의 언덕과 해안에 가까운 곳에 도시를 세우고 자기 이름을 따서 안티고니아(Antigoneia)라고 했습니다. 그러나 리시마쿠스가 BC 301년 입수스(Ipsus, 오늘날 Çağırbağ)에서 안티고노스를 죽이고 알렉산더 대왕을 생각하면서 알렉산드리아 드

바울이 환상을 본 드로아의 항구

로아(Alexandria Troas)로 이름을 바꿨습니다.

헬레스폰트(Hellespont) 해협 근처에 위치한 드로아는 그리스, 에게 해, 아시아를 연결하는 중요한 항구 역할을 했고, 8km의 성벽이 만들어질 정도로 많은 사람들이 살았습니다. 아우구스투스 황제 때 로마의 식민지가 되었으며 하드리아누스 황제 때에 전성기를 누렸습니다. 드로아는 매우 중요한 전략적인 위치에 있었기에 한때 율리우스 시저와 콘스탄틴 황제가 로마 제국의 수도로 만들려고 했습니다.

2. 드로아에서의 바울

바울은 드로아에서 마케도니아인의 환상을 본 후 실라, 디모데 그리고 이곳 드로아에서 합류한 누가와 함께 항구에서 배를 타고 마케도니아 지방, 지금의 그리스 북부로 넘어갑니다.

드로아에서 있었던 사건

① 에베소의 데메드리오 소동 이후 바울은 드로아에서 고린도로 간 디도를 기다립니다. 이때 드로아에서 전도의 문이 열렸는데, 바울은 복음을 전하지 않고 디도를 만나기 위해 곧바로 마케도니아로 넘어갑니다(고후 2:12-13).

② 3차 선교여행의 후반, 바울은 예루살렘으로 가기 위해 드로아를 지나갑니다. 이때 7일간 머물면서 복음을 전했고, 3층 창문에 걸터앉아 말씀을 듣던 유두고가 졸음을 이기지 못하여 떨어지는 사건이 발생합니다(행 20:7-12).

3. 드로아의 유적들

1) 드로아 고대 유적지

달얀(Dalyan) 마을의 뒤쪽에 8km의 성벽이 부분적으로 남아 있고, 안에는 아고라의 신전, 목욕탕, 체육관, 극장, 분수 등이 폐허가 된 채 흩어져 있습니다.

2) 드로아 고대 항구

달얀 마을의 바닷가로 가면 고대 드로아 항구의 흔적이 남아 있습니다. 특히 로마 시대의 기둥들이 많이 흩어져 있는 것을 볼 수 있는데, 이것은 오스만 제국의 황제들이 드로아에 있던 기둥들을 배로 실어 이스탄불로 옮기는 과정에서 망가진 것들입니다.

6
사모드라게
(Samothrace)

"드로아에서 배로 떠나 사모드라게로 직행하여 이튿날 네압볼리로 가고"
(행 16:11).

　사모드라게는 에게 해 동북쪽에 위치한 산이 많은 섬으로, BC 7세기경까지 사람이 살지 않았고 다만 에게 해를 항해하는 선박들이 풍랑을 피해 잠시 정박하였을 뿐입니다. 이후로 트라키아와 아시아 사람들이 들어와 살면서 북쪽 에게 해 연안 종교 행사의 중심지 역할을 하였습니다.
　BC 305년 마케도니아의 왕인 데메트리오스가 헬레니즘의 도시로 발전시켰는데, 그 당시 만든 날개 달린 승리의 여신 나이키 상이 루브르 박물관에 소장되어 있습니다. 바울은 이곳에서 하루를 지내게 되는데, 아마도 이 나이키 여신상을 구경했을지 모릅니다. 어쨌든 바울은 다음 날 배를 타고 네압볼리로 향합니다.

7
그리스 북부 도시
(네압볼리, 빌립보, 암비볼리,
아볼로니아, 데살로니가, 베뢰아, 디온)

1. 네압볼리(Neapolis, 오늘날 Kavala)

"이튿날 네압볼리로 가고"(행 16:11).

1) 네압볼리의 역사

네압볼리(Neapolis)는 '새로운 성읍'이라는 뜻으로 트라키아의 조그마한 항구 마을이었지만 북쪽으로 16km 떨어진 빌립보가 발전하면서 빌립보의 항구 역할을 담당하였습니다. BC 188년 로마의

바울이 도착한 유럽의 입구, 네압볼리의 항구라고 추정되는 곳에 교회가 세워져 있다.

집정관이 이곳을 통치하였고, BC 42년에는 브루투스와 카시우스가 빌립보에 주둔할 때 이곳에 군함을 정박시켰다는 기록이 있습니다. 바울 당시 마케도니아의 수도는 데살로니가였고, 빌립보는 마케도니아의 첫 성이었습니다.

2) 네압볼리에서의 바울

바울 일행(실라, 디모데, 누가)은 마케도니아의 첫 성인 빌립보로 가기 위해 쪽배를 타고 이곳 네압볼리에 도착했습니다. 바울 일행이 쪽배에서 내렸던 곳으로 추정되는 곳에 '성 니콜라스 교회'가 세워져 있습니다. 교회의 벽에는 바울의 도착을 묘사한 그림이 그려져 있고, 그림 앞에는 사람들이 배에서 육지로 내릴 때 밟았다고 하는 돌이 놓여 있습니다.

바울 일행은 네압볼리에서 빌립보로 가기 위해 팡게우스(Pangaeus) 산으로 연결되어 있는 로마의 도로 에그나티아 길을 따라 걷게 됩니다.

마케도니아 지방(Macedonia Province)

로마는 BC 148년 마케도니아의 왕 안드리스커스(Andriscus)를 물리치고 BC 146년 마케도니아 지방을 세웁니다. 이후 로마는 데살로니가를 수도로 정하고 마케도니아 지방을 통치하게 됩니다. 이 지방은 유럽에서 최초로 바울의 선교 활동 무대가 되었습니다.

에그나티아 길(Via Egnatia)

로마, 마케도니아 그리고 소아시아를 연결하는 로마의 도로입니다. 마케도니아의 총독 에그나티우스(Gnaeus Egnatius)가 로마, 마케도니아 그리고 소아시아를 연결하는 로마의 도로를 BC 146년에 시작해서 BC 120년에 완성합니다. 도로는 비잔티움에서 시작하여 서쪽으로 네압볼리, 빌립보, 암비볼리, 데살로니가, 펠라, 에데사, 두라키움(Dyrrachium)까지 연결되어 있던 약 1,120km의 도로입니다. 바울 당시 에그나티아 길의 동쪽 끝은 네압볼리였습니다.

3) 네압볼리의 유적들

① 성자 니콜라스 교회

과거 네압볼리 항구 위치에 세워진 교회입니다. 바울 일행이 네압볼리에 도착해서 첫발을 디뎠다고 추정되는 곳에 교회가 세워져 있습니다. 교회의 벽에 바울의 도착을 묘사하는 그림이 그려져 있습니다. 그리스 정교회의 전승에 의하면 바울이 환상 속에서 본 마케도니아인이 알렉산더 대왕인데, 알렉산더 대왕의 모습이 중앙에 그려져 있습니다.

② 바울 기념 교회

네압볼리의 버스 터미널에서 북쪽으로 가면 바울 기념 교회가 세워져 있습니다. 교회의 벽에는 모자이크한 바울의 그림이 있습니다.

③ 실라 기념 교회

네압볼리에서 빌립보로 가는 산 언덕에 세워져 있습니다. 그리스 전승에 의하면 팡게우스 산을 넘다가 바울 일행이 쉬었다고 합니다. 이곳에 바울이 아닌 실라를 기념하는 교회가 세워져 있습니다.

2. 빌립보(Philippi)

"거기서 빌립보에 이르니 이는 마게도냐 지경 첫 성이요 또 로마의 식민지라"(행 16:12).

1) 빌립보의 역사

빌립보는 산악지대로 샘물이 많았기 때문에 '샘물'이라는 뜻을 가진 크레니데스(Krenides)라고 불렸고, 작고 별로 중요하지도 않은 마케도니아인들이 사는 소읍이었습니다.

BC 359년 알렉산더의 아버지 빌립 2세가 즉위하고 팡게우스 산에서 금을 캐면서 성곽을 세우고 요새를 만들어 자기의 이름을 딴 빌립보(Philippi) 성이라고 불렀습니다. 매년 약 2,000달란트의 금이 빌립보를 부요한 도시로 만들었습니다. 참고로 1달란트는 금 684g입니다. 그 당시 1달란트는 6000데나리온으로, 1데나리온은 건장한 남자의 일일 품삯이었습니다.

BC 42년 빌립보 평야에서 옥타비아누스와 안토니우스의 연합군이 브루투스와 카시우스를 상대로 승리를 얻었습니다. 이들은 승전을 기념하기 위하여 빌립보에 제대 군인들을 정착시키고, 빌립보를 로마의 식민지로 승격시켜 자치권, 세금 면세권 등 로마에 사는 것과 같은 특권을 부여하였습니다. 빌립보는 로마 본국의 정치 제도나 기타 관습을 그대로 복사한 로마의 축소판이 되었습니다. 도시의 성벽은 3,400m로 약 만 명에 가까운 인구가 살았습니다.

2) 빌립보에서의 바울

바울 일행은 빌립보에 도착하여 며칠을 쉬면서 그곳 사정을 알아보았고, 회당이 없다는 것을 확인하였습니다. 회당이 없는 것은 유대인 남자가 10명이 안 되었거나, 유대 남자들이 신앙이나 열성이 적기 때문이었을 것으로 추측됩니다.

바울과 실라는 안식일에 성문 밖 지각티스(Zygaktis) 강가로 나갔고 거기서 여자들을 만나게 됩니다. 그들 중에 두아디라 성의 자주 장사로서 하나님을 공경하는 루디아라 하는 여자의 도움으로 전도를 위한 거처를 마련하게 됩니다. 먼저 루디아와 그 집 사람들이 세례를 받습니다. 그리고 바울은 길거리에서 점치는 귀신 들린 여종 하나를 만나는데, 여종 속에 있는 귀신을 쫓아내게 됩니다. 그러자 여종의 주인들이 자기 이익의 소망이 끊어진 것을 보고 바울과 실라를 잡아 시장거리로 끌고 가서 관원들에게 고소를 합니다. 고소의 내용은 이렇습니다.

① 유대인이다.
② 성을 심히 요란하게 했다.
③ 로마인들에게 용납될 수 없는 풍속을 전했다(행 16:20-21).

관원들은 사정도 들어 보지 아니하고 공중 앞에서 바울과 실라를 때리고 옥에 가두었습니다. 바울과 실라는 발목을 쇠사슬에 묶인 채 감옥에서 주님을 찬양하였고, 이때 지진으로 옥문이 열리는 기적이 일어납니다. 바울은 불합리하게 얻어맞고 옥에 갇혔습니다. 그러나 옥문이 열렸을 때 허락 없이 감옥에서 나오지 않았습니다. 도망가지 않은 바울 일행을 본 간수는 복음을 받아들였고 가족과 함께 세례를 받았습니다. F. F. 브루스는 간수가 바울 일행을 집으로 초청하기 전에 먼저 세례받은 것을 지적하고, 아마 감옥에 있는 우물에서 세례를 받았을 것이라고 추측합니다.

날이 새고 관원들은 바울이 로마 시민이라는 것을 듣고 두려워하며 찾아와 잘못을 빌었고, 바울 일행은 옥을 나와 루디아의 집에서 형제들과 교제한 후 길을 떠나게 됩니다.

🌿 바울과 실라는 안식일에 왜 강변을 거닐었고, 왜 여인들이 있었나?

유대인들은 다른 사람의 이목을 피하여, 또는 유대교의 정결 의식을 준행하기 위하여 강변에서 하나님께 예배와 기도를 드렸습니다. 예를 들면, 다니엘은 을래 강변(단 8:2)과 티그리스(힛데겔) 강변(단 10:4), 에스라는 아하와 강변(스 8:21, 31)에서 금식하고, 에스겔은 그발 강가에서 환상을 보았습니다(겔 1:1).

🌿 자주장사 루디아

'루디아' 라는 단어는 앗시리아어로 '루드'(Luddu), 헬라어로 '루디아'(Ludia), 영어로 '리디아'(Lydia)인데, 세계 역사에서는 '리디아' 라는 단어를 쓰고 있습니다.

리디아는

① 소아시아의 서쪽에서 BC 7-6세기에 번영한 왕국의 이름입니다.

② 로마 제국의 디오클레티아누스 황제 때 만들어진 한 지방의 이름입니다.

즉 루디아란 개인의 이름이 아니고 '리디아 지방 출신의 여인' 으로 해석할 수 있습니다. 바울이 그의 서신에서 루디아의 이름을 한 번도 기록하지 않은 사실도 개인의 이름이 아닌 것으로 생각하게 합니다. 정리하자면, 리디아 지역의 두아디라 성 출신인 붉은 옷감을 파는 한 여인이 장사를 위해 두아디라를 떠나 빌립보에서 살고 있었습니다. 루디아는 안식일에 바울 일행을 만나게 되고 마케도니아와 유럽에 있어서 최초의 회심자가 되었습니다. 또한

빌립보의 자주 장사 루디아를 기념해서 세운 교회

그녀의 집은 빌립보에서, 더 나아가서 유럽의 첫 번째 교회가 되었습니다(행 16:15). 성경에는 가족에 대해 아무런 언급이 없지만 그리스 정교회의 전통에 의하면 남편 페리클레스, 두 아들 안드로니코스와 요셉 그리고 딸 아테네가 있었다고 합니다.

귀신 들린 여종

여종의 몸에 귀신이 살았습니다. 귀신은 델피에 있었던 피톤(Python)이며 형상은 뱀이었습니다. 델피의 아폴로 신전에 있었던 무녀들이 피톤의 신탁으로 점을 쳤습니다. 빌립보의 귀신 들린 여종도 델피의 무녀들처럼 점을 쳤고, 주인들에게 부를 가져다 주었습니다. 즉 귀신 들린 여종은 피톤에게 붙잡히고 또 주인들에게 붙잡혀 살았던 가련한 사람이었습니다(이복순, 《사도 바울의 생애와 사역》).

3) 빌립보의 유적들

① 빌립보 고대 도시

근처의 팡게우스 산에는 금광이 있었고, 지리적으로는 서쪽에는 스트림몬 강, 동쪽에는 네스토스 강이 있는 비옥한 평원에 빌립보 도시가 만들어졌습니다. 도시 한복판으로는 아시아와 로마를 잇는 에그나티아 도로가 지나갑니다.

② 바울의 감옥

바울이 귀신 들려 점치는 여종을 고쳐 줌으로 그 주인들에게서 고소를 당해 갇혀 있었던 감옥입니다. 감옥의 북쪽에 물수로가 있어서 감옥의 위층에 물탱크가 있었다고 추정하고 있고, 또 다른 이들은 간수의 집이 있었다고 합니다.

③ 지각티스(헬라어 Zygaktis, 영어 Gaggitis) 강가

바울과 실라가 갇혀 있었던 빌립보의 감옥

바울은 안식일에 이곳에서 여인들을 만났고, 루디아는 이곳에서 세례(침례)를 받았습니다.

④ 루디아 기념 교회
루디아를 기념해서 1973년 건축된 교회입니다.

3. 암비볼리(Amphipolis)

"저희가 암비볼리와 아볼로니아로 다녀가 데살로니가에 이르니……"(행 17:1).

암비볼리는 빌립보에서 남서쪽으로 약 60km 떨어진 스트림몬 강 유역에 자리잡고 있고 에그나티아 도로가 지나갑니다. 바울 일행이 암비볼리를 지나갈 때 무엇을 했는지는 확인할 수 없습니다.

사자상

BC 4세기경에 만들어진 사자상이 스트림몬 강의 다리를 건너자마자 오른쪽에 있습니다.

4. 아볼로니아(Apollonia)

"저희가 암비볼리와 아볼로니아로 다녀가 데살로니가에 이르니……"(행 17:1).

아볼로니아는 암비볼리로부터 약 48km 떨어져 있는 볼레 호수

남쪽에 있습니다. 바울 일행은 아볼로니아를 지나갈 때 베마에서 하나님의 말씀을 전한 것으로 알려져 있습니다.

베마(Bema)

바울이 말씀을 나누었다는 베마가 마을 안에 있습니다. 베마란 총독이 연설하거나 재판할 때 사람들을 내려다볼 수 있도록 돌로 만든 단입니다.

5. 데살로니가(Thessalonica, Salonika or Salonica)

"데살로니가에 이르니 거기 유대인의 회당이 있는지라 바울이 자기의 규례대로 저희에게로 들어가서 세 안식일에 성경을 가지고 강론하며……"
(행 17:1-9).

바울 일행은 아볼로니아를 떠나 약 60km 떨어져 있는 데살로니가로 발을 옮깁니다.

1) 데살로니가의 역사

헤로도투스는 BC 600년에 이곳이 좋은 자연적 항만을 낀 큰 도시였다고 합니다. 만의 윗부분에는 온천 지대도 있었습니다. 페르시아도 이곳에 해군기지를 만들었다고 합니다.

빌립보 성을 건설한 마케도니아의 왕 빌립 2세의 양자인 카산더(Cassander)가 알렉산더 대왕이 죽은 후 마케도니아의 왕이 되어 수도를 빌립보에서 이곳으로 옮깁니다(BC 315년경). 이때 도시의 이름을 카산더의 부인이며, 알렉산더 대왕의 이복 누이인 데살로니카의 이름을 따서 붙였습니다.

BC 146년 로마는 이곳을 마케도니아 지방의 수도로 결정하면서 총독이 주재하였습니다.

BC 42년, 데살로니가는 빌립보 전투 때 옥타비아누스와 안토니우스의 연합군 편에 가담한 공로로 자유도시가 되었고, 동방과 서방을 잇는 에그나티아 도로가 도시를 관통하면서 많은 사람들이 모여들었습니다. 한때는 인구가 20만 명이 넘는 큰 도시로 발전하였습니다.

2) 데살로니가에서의 바울

바울 일행은 이곳에 도착하여 3주 동안 유대인 회당을 중심으로 복음을 증거하였고, 많은 교인들이 생기는 반면에 유대인들의 핍박도 일어나게 됩니다. 바울 일행에게 숙소를 제공했던 야손 일가는 큰 봉변을 당했고, 바울 일행도 고발을 당하였습니다. 고발의 내용은 다음과 같습니다.

① 천하를 어지럽게 하고
② 로마 황제의 명을 거역하고 예수라는 다른 왕을 섬긴다.

그리하여 교인들은 바울과 실라의 신변을 걱정한 나머지 밤중에 다른 곳, 즉 베뢰아로 피신시킵니다. 어쨌든 야손의 집은 후일 데살로니가의 교회로 발전하게 됩니다.

유대인의 로마 추방 명령

① AD 19년 티베리우스(Tiberius) 황제는 원로원 가족들이 유대교로 개종

하는 것을 보고 유대인들을 로마 시에서 추방했습니다.

② AD 49년 글라우디우스(Claudius) 황제는 크레스토스(Chrestos)라는 사람 때문에 회당에서 폭동이 있었는데, 로마 시에 큰 문제가 될 것을 우려한 나머지 유대인들을 로마 시에서 추방했습니다. 일명 '나사렛 칙령' 입니다.

바울은 로마로 갈 생각이 있었으나 가지 못했습니다

로마서 1장 13, 15절을 보면, 바울은 '여러 번 로마로 가기를 원했다'고 합니다. 실제로 로마로 연결되어 있었던 에그나티아 도로 상의 도시에 머물렀기에 더욱 가고자 했을 것입니다. 그런데 결국 가지 못했습니다. 그 이유는 다음과 같습니다.

① AD 49년에 있었던 글라우디우스 황제의 '나사렛 칙령' 때문에 로마로 갈 수 없었습니다. 즉 바울도 유대인이기 때문에 로마 시에 있을 수 없다는 뜻입니다.

② 바울 일행은 로마 황제의 명을 거역하고 예수라는 다른 왕을 섬기는 자들로 고발을 당했기 때문에 로마로 갈 수 없었습니다. 고발당한 처지에 어찌 황제가 있는 로마에 들어갈 수 있을까요. 로마로 들어가는 순간 체포될 가능성이 많기에 로마로 갈 수 없었습니다.

3) 데살로니가의 유적들

① 콘스탄틴 항구

콘스탄틴 황제는 수도를 로마에서 비잔티움으로 옮기기 이전 여러 곳을 조사했는데, 그중의 한 곳으로 카산더가 세워 놓은 데살로니가 항구의 위쪽을 선택하게 됩니다. 그런데 콘스탄틴 황제는 관심을 드로아로 옮깁니다. 그러나 그것도 잠시, 콘스탄틴 황제는 결국 비잔티움으로 수도를 옮기게 되었습니다(AD 330).

② 고대 아고라(Agora)
바울이 3주 동안 이곳에 있으면서 복음을 전했을 것으로 추정되는 시장으로, 디미트리우스 교회의 서쪽에 있습니다.

③ 디미트리우스 교회(St. Demitrios Church)
콘스탄틴 황제가 기독교를 공인하기 직전 그리스도인들이 신앙을 위해 생명을 바친 장소 위에 조그마한 교회가 세워졌고, AD 412-413년 교회를 확장합니다. 대화재로 크게 파손되었지만 다행히 지하 부분은 원형이 많이 남아 있습니다.

④ 갈레리우스 개선문(The Arch of Galerius)
AD 297년, 갈레리우스 황제가 페르시아와의 전쟁에서 승리한 것을 기념하기 위하여 수년에 걸쳐 에그나티아 도로 위에 만든 개선문입니다. 바울은 데살로니가 안에 있던 에그나티아 도로를 활보하고 다녔을 것입니다.

6. 베뢰아(Berea or Veria)

"밤에 형제들이 곧 바울과 실라를 베뢰아로 보내니 저희가 이르러 유대인의 회당에 들어가니라 베뢰아 사람은 데살로니가에 있는 사람보다 더 신사적이어서 간절한 마음으로 말씀을 받고 이것이 그러한가 하여 날마다 성경을 상고하므로 그중에 믿는 사람이 많고……"(행 17:10-15).

베뢰아(Berea)는 데살로니가에서 남서쪽 약 80km 떨어진 베르미온(Vermion) 산 동쪽 기슭에 있는 마케도니아의 한 도시입니다. 바울은 이곳에서 신사적이고 간절한 마음으로 말씀을 받았던 베뢰아 사람들과 교제하면서 많은 사람들에게 예수님을 전합니다. 이 소식을 들은 데살로니가의 유대인들이 이곳까지 와서 소동을 일으키기에 형제들이 바다를 통해 바울을 아테네로 보냅니다.

베뢰아의 유적들

① 바울의 강단 : 베뢰아의 중심지에 베마가 있습니다. 바울이 이곳에서 주님의 말씀을 가르쳤다고 합니다. 바울이 이곳에 도착하는 모습과 말씀을 전하는 모습이 모자이크로 만들어져 있습니다.

② 유대인 회당 : 베마 근처에 유대인들이 살았고 지금도 근처에 유대인 마을과 회당이 있습니다.

7. 디온(Dion)

그 당시 베뢰아에서 가장 가까운 항구는 해발 2917m의 올림푸스 산 동쪽에 있는 디온(Dion)이었습니다. 디온은 대단히 큰 도시는 아니었지만 아크로폴리스를 갖고 있지 않은 사각 형태로 이루어진 도시였습니다. 마케도니아인들은 이곳을 예술의 도시로 만들었지만, 로마가 들어오면서 많이 파괴되었습니다. 이곳에 항구가 있었는데 항구의 이름은 렙토칼아(Leptokarya)였습니다.

데살로니가의 유대인들이 베뢰아까지 와서 소동을 일으키기에 베뢰아의 형제들은 바울을 아테네로 피신시키기로 했습니다. 바울은 아테네로 가는 배를 타기 위해 가까운 항구도시였던 디온에 왔습니다. 지금은 토사로 인해 해안에서 6km 내륙에 들어와 있는데, AD 5세기 야만인들의 침략으로 거의 파괴되었습니다.

사도행전의 서방 역본

"그는 데살리를 지나쳤다. 이는 그들에게 말씀을 전하는 일이 금해졌기 때문이다."

이 역본에 근거하여 5세기에 만들어진 전통에 의하면, 바울은 베뢰아에서 아테네로 갈 때 배를 타지 않고 베뢰아의 옆 마을인 세르비아(Servia)를 거쳐 아테네로 갔다고 합니다. 그런데 아테네로 가기 위해 데살리(Thessaly) 지역을 거쳐야 되는데 안전하지 못하다고 판단을 하여 베뢰아의 형제들이 바울을 아테네까지 데려갔다고 합니다.

8
그리스 남부 도시
(아덴, 고린도, 겐그레아)

1. 아덴(Athens)

"바울이 아덴에서 저희를 기다리다가 온 성에 우상이 가득한 것을 보고 마음에 분하여 회당에서는 유대인과 경건한 사람들과 또 저자에서는 날마다 만나는 사람들과 변론하니……"(행 17:16-34).

아가야 지방(Achaia Province)

그리스의 시인 호머(Homer, BC 8세기)의 시대에 아가야는 그리스 전 국토를 통괄하는 한 국가를 의미했는데, 나중에 펠레폰네소스 반도의 북쪽인 비옥한 작은 지역을 가리키게 되었습니다. 로마가 BC 146년 아가야 동맹군을 멸한 이후 아가야를 마케도니아와 병합시켜서 전 지역을 아가야로 불렀다가 BC 27년 아우구스투스는 다시 그리스를 북쪽의 마케도니아, 남쪽의 아가야로 나누었습니다.

신약에 나오는 아가야는 로마의 행정구로서의 아가야 지방을 가리킵니다. 수도는 고린도였고, 바울 시대의 총독은 갈리오였습니다. 성경에 보면, 아볼로가 아가야에서 주의 말씀을 전했고, 아가야의 첫 성도는 스데바나의 가족이었습니다. 바울은 스데바나에게 가족과 함께 세례를 주었습니다(고전 1:16).

1) 아덴의 역사

아덴은 아티카 반도에 있는 아가야 지방의 도시입니다. 에게 해에서 약 5km 떨어져 있고, 고린도에서는 약 74km, 데살로니가에서는 약 300km 떨어져 있습니다. 아덴은 고대 도시국가로 시작했는데, 명성이 최고에 달한 때는 BC 490년 마라톤에서 페르시아를 쳐부수고 난 다음부터였습니다. 그 후 10년 뒤인 BC 480년 살라미에서 페르시아를 다시 한 번 물리치면서 절정에 이르게 됩니다. 이후 페르시아의 재도발을 방지하기 위해 도시국가들이 델로스 동맹을 맺게 됩니다.

BC 431년 펠레폰네소스 반도에서 아테네와 스파르타가 약 30년의 전쟁을 하게 되는데, 이때 아덴이 패배하면서 쇠퇴하게 됩니다. 그 후 BC 338년 마케도니아의 빌립에게 정복을 당하면서 마케도니

바울이 아테네 사람들과 토론을 했던 시장에서 아크로폴리스를 바라보며

아인들 수중에 들어갔고, BC 146년에는 로마에 속하게 됩니다. 바울이 방문했을 당시 아덴은 쇠퇴하고 있는 시기였습니다. 이때의 인구는 약 3만 명으로 추정합니다.

학문적, 문화적인 면에서는 다소, 안디옥, 알렉산드리아까지 영향을 주었고 따라서 소크라테스, 플라톤, 아리스토텔레스, 에피쿠로스, 제노 등 많은 철학자들이 배출되었습니다.

종교적으로도 아크로폴리스를 중심으로 많은 신전들이 만들어졌는데, 아덴에 있었던 신상의 숫자는 무려 3만 개가 넘었다고 합니다.

2) 아덴에서의 바울

바울은 아덴에 도착한 후 회당과 아고라에서 복음을 전했습니다. 특히 아고라에는 일반 시민과 철학자들의 토론장이 자연스럽게 만들어져 있었습니다. 바울도 아고라에서 이들과 토론을 하였는데, 결국 아레오바고 언덕으로 자리를 옮기고 그곳에서 본격적으로 논쟁을 시작합니다. 그 당시 아덴에서 영향력이 있었던 에피쿠로스 학파는 현세의 만족을 주장하는 향략주의자들이었기에 부활을 거부하였을 것이고, 스토익 학파는 영혼불멸을 믿었으므로 아마도 예수님의 부활에 대해 다시 듣기를 원했을 것입니다(행 17:32). 그러나 당장 전도의 효과가 있었던 것은 아니었고, 이후 바울은 아덴을 떠나 고린도로 갑니다.

아레오바고(Areopagus)

신화에 보면, 전쟁의 신인 아레스(아리오스)가 딸을 강간한 사촌 형제를 살해해 다른 신들 앞에서 재판을 받게 되었습니다. 재판 결과 아레스는 정당한 복수 살인이었기 때문에 무죄판결을 받았고 그 후 아레스가 재판 받은 곳을 아레스의 언덕, 그리스어로 '아레오바고' 라 부르게 되었습니다. 이런 유래 때문에 아레오바고는 원래 살인죄를 범한 사람을 재판하는 장소였습니다. 그러나

아레오바고 논쟁이 있었다는 언덕 앞에서

아레오바고 논쟁이 있었다는 또 다른 장소, 폐허가 된 왕의 주랑

시간이 지남에 따라 아테네 시의회 의원들이 모이는 장소가 되었습니다. 성경에 보면 "아레오바고 관원 디오누시오"(행 17:34)라는 구절이 있습니다.

과연 아레오바고는 언덕 이름인가, 아니면 기관 이름인가?

① M. 디벨리우스 : 바울이 언덕에서 설교했다고 주장합니다. 재판은 남쪽에서 북쪽으로 바람이 불 때 열리게 되는데, 언덕 위의 기둥을 중심으로 배심원들이 있고 아고라에서는 시민들이 바울의 이야기를 들었다고 합니다.

② W. M. 람세이와 F. F. 브루스 : 아고라 광장에 위치한 '왕의 주랑'(Stoa Basileios)에서 바울이 설교했다고 봅니다. 그 이유는 아레오바고는 시의 주요 문제, 특별히 종교, 교육에 관한 감독권을 가진 기관이었고, 이 기관의 모임은 일반적으로 왕의 주랑에서 있었기 때문입니다.

아레오바고에서의 연설은 바울이 사도회의에서 이방인의 사도로 인정을 받은 후 한 최초의 설교입니다. 이방인을 대상으로, 즉 새로운 것에 대해 알고자 하는 욕구를 지닌 스토아, 에피쿠로스 학파에 속한 철학자들에게, 또는 아덴에 거주하고 있는 사람들에게 부활에 관한 복음을 전하자 양자간에 논의와 토론이 일어났던 설교입니다.

사실 철학자 소크라테스가 BC 399년 청년들을 부패시키며 국가가 인정하는 신을 부정하고 색다른 신을 섬긴다는 청년 타락죄와 신에 대한 불경죄로 기소되어 이곳에서 사형 선고를 받았습니다. 지금 바울도 그리스인들이 믿지 않는 다른 신을 믿으라고 선포하고 있습니다.

3) 아덴의 유적들

① 아크로폴리스
해발 150m 높이의 평평한 바위 언덕 위에 만들어진 도시로서, 파르테논 신전과 아테나 신전 등이 남아 있습니다.

② 아레오바고 언덕
아크로폴리스 옆에 있고, 이곳에서 바울은 에피큐리언 철학자들, 스토익 철학자들, 시민과 관료들 앞에서 부활에 관한 복음을 전합니다.

③ 아고라
바울은 아고라에서 시민, 철학자들과 논쟁을 하면서 복음을 전했습니다.

④ 왕의 주랑(Stoa Basileios)
아레오바고는 시의 주요 문제, 특별히 종교, 교육에 관한 감독권을 가진 기관이었고, 아레오바고의 모임은 일반적으로 왕의 주랑에

서 있었습니다.

⑤ 아레오바고 관원 디오누시오 기념 교회
아레오바고 관원이었던 디오누시오는 바울의 설교를 듣고 그리스도인이 되었고, 기독교가 공인된 이후 그를 기념하는 교회가 세워졌습니다.

⑥ 알지 못하는 신에게(To the unknown God)
그리스인들은 수많은 신들이 존재한다고 믿고 있었기에 많은 신전을 세웠습니다. 그 당시 아덴에 있었던 신상의 숫자는 3만 개가 넘었는데, 알려지지 않은 신들이 더 존재할 것이라고 생각하여, 그들의 저주로부터 도시를 보호하고자 '알지 못하는 신에게'라는 글을 새긴 단을 만들어 놓았습니다. 바울은 이러한 헬라적 배경을 토대로 그리스인들에게 유일하신 창조주 하나님을 알립니다. 지금까지 '알지 못하는 신에게'라고 새겨져 있는 비문이 아덴과 버가모에서 발견되었습니다.

2. 고린도(Corinth)

"바울이 아덴을 떠나 고린도에 이르러 아굴라라 하는 본도에서 난 유대인 하나를 만나니 글라우디오가 모든 유대인을 명하여 로마에서 떠나라 한 고로 그가 그 아내 브리스길라와 함께 이달리야로부터 새로 온지라 바울이 그들에게 가매 업이 같으므로 함께 거하여 일을 하니 그 업은 장막을 만드는 것이더라……"(행 18:1-17).

아덴에서 고린도로 가는 방법은 두 가지가 있습니다. 메가라(Megara) 산악 지역을 넘어가는 방법과 아덴 항구에서 배를 타고 겐그레아 항구까지 갔다가 10km 떨어진 고린도까지 걸어가는 방법입니다.

1) 고린도의 역사

① 그리스, 로마 그리고 아시아를 연결하는 국제 항구 도시

북쪽의 그리스 본토와 남쪽의 펠레폰네소스 반도를 잇는 지역에 있어 그리스의 북과 남을 연결해 주는 도시였습니다. 그리고 서쪽에는 레카이온(Lechaion) 항구가 있어서 고린도 만(Gulf of Corinth)을 통하여 아드리아 해, 이오니아 해를 거쳐서 지중해 이탈리아로 빠집니다. 동쪽에는 겐그레아(Cenchreae) 항구가 있어서 사로닉 만(Saronic Gulf)을 거쳐 에게 해로 나가 흑해나 동지중해를 통하여 소아시아나 팔레스틴, 애굽으로 빠지게 됩니다. 즉 그리스, 로마 그리고 아시아를 연결하는 교통, 산업 그리고 상업의 중심지가 되었습니다.

② 아가야 지방의 수도

BC 146년 로마의 장군 뭄미우스(Lucius Mummius)가 이곳을 폐허로 만들고 BC 44년 율리우스 시저가 시를 재건하여 로마의 식민지로 만들었습니다. 식민지가 되면서 완전 자치권, 세금 면세권 그리고 로마에 사는 것과 같은 특권을 누리게 되었고, BC 27년 아우구스투스는 고린도를 아가야 지방의 수도로 정해 정치와 행정의 중심지로 만들었습니다.

총독 갈리오가 바울을 심문한 고린도의 법정 베마(Bema)

③ 부도덕한 삶의 대명사 도시

고린도에는 여러 신들의 신전이 있었습니다. 애굽의 신전들, 그리스 신전들, 특별히 고린도는 자체의 보호신이 있었습니다. 아프로디테라는 사랑의 여신으로, 구약에 나오는 아스다롯과 같습니다. 아프로디테의 신전이 시 뒤편 540m 높이의 고린도 아크로폴리스에 세워져 있는데, 신전에서 일하는 창녀들이 천 명이나 되었고, 저녁이 되면 그들이 시내로 쏟아져 내려와 여행객들과 항해사들을 상대로 영업에 열심이었다고 합니다(스트라보, 《지리학》).

이와 더불어 악과 범죄가 늘어나면서 '고린도인같이 산다' 하면 '부도덕한 생활을 한다'는 말과 동의어가 되었고, '고린도 사람' 하면 '포주'라는 뜻이 되고, '고린도 여자'라 하면 '창녀'라는 뜻이 되었습니다. 연극 무대에서 고린도 사람으로 분장하면 항상 술 취한 사람으로 등장합니다. 그래서 고린도는 음란과 범죄, 술 취함과 방탕 등 부도덕한 삶의 대명사 도시가 되었습니다. 바울 당시 약

8만 명의 인구가 있었다고 합니다.

2) 고린도에서의 바울

수많은 범죄와 죄악의 소굴이고, 우상숭배와 각종 신전이 사람의 마음을 현혹시키는 고린도에 바울이 처음 왔을 때 "약하며 두려워하며 심히 떨었다"(고전 2:3)고 고백하고 있습니다. 그러나 바울은 글라우디우스 황제의 칙령으로 로마를 떠나 고린도에 정착한 아굴라와 브리스길라 부부를 만나 위안을 받을 수 있었고, 함께 장막 만드는 일을 하며 1년 6개월 동안 고린도를 중심으로 주위 지역에 전도를 하였습니다. 이때 겐그레아에 교회가 세워지고 여성도 뵈뵈를 알게 되었습니다.

바울은 회당 옆에 있는 디도 유스도라는 이방인의 집에서 회당장 그리스보를 비롯해 많은 고린도인들에게 복음을 전하고 세례를 베풀었는데, 이것이 바로 고린도 교회가 세워진 결정적인 계기가 되었습니다(행 18:1-11).

그러나 갈리오가 고린도를 비롯해 아가야 지역의 총독으로 있을 때 바울이 전하는 복음을 못마땅하게 생각하던 유대인들은 바울을 베마라는 재판 자리로 끌고가 "율법을 어겼다"고 대적했습니다. 그러나 갈리오 총독은 로마법과 상관이 없는 것을 알고 관여하지 않았는데, 이때 회당장 소스데네를 재판자리로 잡아다가 구타를 하였습니다. 이 사건 이후 바울은 고린도를 떠납니다.

데살로니가 전서와 후서를 기록하다

바울이 고린도에 있을 때 북쪽에서 내려온 디모데는 데살로니가 성도들의 소식을 바울에게 전하였습니다. 즉 바울이 3주 동안 머물렀던 데살로니가의 성도들이 유대인들의 핍박 가운데서도 자신들의 신앙을 잘 유지하고 있다는 소식을 듣게 됩니다. 이에 바울은 데살로니가 성도들의 인내와 사랑을 칭찬하고 위로하고 격려하며 주님의 강림을 바라보고 흔들리지 말 것을 권면하는 서신을 보냅니다. 디모데가 이 서신을 데살로니가 성도들에게 전달합니다. 이것이 데살로니가전서입니다.

수개월이 지나 디모데가 고린도에 돌아왔습니다. 디모데가 가져온 소식은 그리 좋은 소식이 아니었습니다. 즉 데살로니가 성도들이 주님의 재림이 임박한 줄 알고 일도 하지 않고 돌아다니면서 문제를 일으키고 있다는 소식이었습니다. 이에 바울은 재림에 대한 신앙과 그 교리는 옳지만 그들의 삶의 자세와 태도에 문제가 있음을 지적하기 위해 서신을 쓰는데 이것이 데살로니가후서입니다.

고린도의 창녀들

고린도 박물관의 고고학자에 의하면, 고린도에는 3종류의 창녀가 있었다고 합니다.

① 아프로디테 신전에 있었던 창녀들 : 20세 미만의 처녀가 결혼하기 2-3주 전에 신으로부터의 축복을 받기 위해 시내에 있던 여행객들이나 항해사들을 신전으로 데려가 매춘을 하였습니다.

② 매춘 행위를 하지 않고 남자들과 함께 있어 주는 일종의 콜걸(Call Girl)이 있었습니다.

③ 돈을 벌기 위해 매춘 행위를 하는 자들이 있었습니다.

이스트미아(Isthmia) 경기와 축제

BC 580년경부터 2년마다 고린도의 동쪽으로 약 9km 떨어진 이스트미아에서 육상 경기와 격투기 경기가 축제와 함께 열렸습니다. 2-3개월씩 진행되는 축제를 즐기기 위해 수만 명의 사람들이 전국에서 몰려들었습니다.

참고로 고대 그리스 시절 4대 경기가 있었는데, 올림피아와 델피에서 4년마다 그리고 네메아와 이스트미아에서 2년마다 경기가 열렸습니다.

바울이 1년 6개월 머무른 이유

2-3개월씩 진행되는 이스트미아 경기와 축제를 즐기기 위해 수만 명의 사람들이 몰리면서 수백 개의 천막이 필요했고 수백 명의 천막업자들이 동원되어 몇 달씩 일을 했습니다. 천막 제조 기술을 갖고 있었던 바울도 선교 자금을 마련할 수 있는 기회였기에 천막 만드는 일에 동참했을 가능성이 있습니다.

글라우디우스(Claudius) 황제의 칙령

그리스도 때문에, 즉 예수를 그리스도로 인정하느냐 않느냐, 이 문제 때문에 로마의 유대 공동체에서 싸움이 벌어졌고 로마의 치안이 어지러워지니까 황제는 AD 49년경 유대인들을 로마 밖으로 몰아내는 일명 '나사렛 칙령'을 내렸습니다. AD 54년 네로가 황제가 된 뒤 추방령이 폐지되면서 유대인들이 로마에 다시 들어올 수 있었고, 이때는 이방인 그리스도인들이 로마의 주축을 이루고 있었습니다.

아가야 지방의 총독 갈리오

갈리오의 본명은 마르쿠스 안네우스 노바투스(Marcus Annaeus Novatus)입니다. 코르도바 출신이고 스페인의 뛰어난 수사학자이며 갑부인 마르쿠스 안네우스 세네카(BC 50-AD 40)의 아들이었고, 스토아 철학자, 정치가, 희곡작가인 루키우스 안네우스 세네카(BC 4-AD 65)의 동생이었습니다. 로마 황제 글라우디우스의 통치 기간(AD 41-54) 중에 그는 로마로 가서 로마의 수사학자 루키우스 유니우스 갈리오(Lucius Junius Gallio)의 양자가 되었으며, AD 51년 아가야 지방의 총독이 되었습니다(권오현, 《바울의 생애》).

유대교는 합법적인 종교였는가?

로마인들은 유대교를 합법적인 종교로 인정하지는 않았지만 간섭하지 않고 내버려두었습니다. 그럼으로써 예를 들어, 유대인은 로마 군대에 안 가고, 황제 숭배에 참여하지 않아도 되는 특권을 누렸습니다. 갈리오 총독 앞에서 바울은 유대교의 한 교리를 전파한 것으로 인정받아 무죄가 됩니다. 그러나 AD 60-70년대에 있었던 로마를 향한 유대인들의 항전에 그리스도인들은 참여하지 않고 안전한 곳으로 이주해 버리면서 유대인들은 기독교를 유대교의 한 종파로 인정하지 않고 이단으로 정죄하는데 AD 90년 얌니아 회의에서 헬라 성경을 배격하고 히브리 성경을 확정하였습니다. 기독교는 이때부터 회당과 결별하게 되었습니다.

3) 고린도에서 사회적으로 존경받고 경제적으로 여유 있는 신자들

① 시 재무관 에라스도(Erastus)
예수를 믿어 교인이 되었습니다(롬 16:23; 딤후 4:20).

② 가이오(Gaius)
바울뿐만 아니라 온 교회를 접대할 만큼 경제적으로 축복을 받았고 집을 가지고 있었습니다(롬 16:23).

③ 글로에(Chloe)
여성도로 종들이 여러 명 있었고, 고린도와 에베소에 상당한 이

해 관계를 유지하고 있었습니다(고전 1:11).

④ 뵈뵈(Phoebe)
여자이지만 부자로 첫 집사였습니다(롬 16:1).

⑤ 그리스보(Crispus)
고린도의 유대교 회당장이었습니다(고전 1:14; 행 18:8).

⑥ 소스데네(Sosthenes)
그리스보에 이어서 회당장이 되었다가 예수를 믿은 인물로 보입니다(고전 1:1; 행 18:17).

⑦ 그 외의 지도자들
교회의 대표자로 바울에게 온 스데바나(고전 1:16, 16:15), 브드나도, 아가이고(고전 16:17)가 있습니다.

⑧ 예배시간에 부족함 없이 먹고 마셔서 오히려 바울에게 책망을 들은 부자들(고전 11:21-22).

4) 고린도의 유적들

① 고린도 아크로폴리스
해발 540m의 언덕 위에 아크로폴리스가 세워져 있습니다. 특별히 이 위에 아프로디테 신전이 있었는데 수많은 제녀들이 몸을 팔았다고 합니다. 바울은 고린도의 성도들에게 "창기들과 함께 하지

말라"고 부탁을 했는데(고전 6:15-16), 바울이 고린도 교회에 도덕적 순결에 관한 교훈이 많은 이유를 알 수 있습니다.

② 바울이 갈리오 총독 앞에 끌려갔던 베마(Bema)

두 개의 계단으로 받쳐진 높은 연단으로서 청색과 흰색의 대리석으로 되어 있으며 양쪽 가에는 긴 의자들이 둘려 있고, 이것들 뒤로는 아고라의 낮은 부분에서 높은 부분으로 연결하는 통로가 나 있었습니다. 높이가 약 5m, 폭이 15m 정도의 큰 단입니다.

③ 에라스도의 비문

극장 동편 포장 도로에서 부분적인 비문이 발견되었습니다 (ERASTUS PRO AEDILITATE SUA PECUNIA STRAVIT 중에 ERASTUS PRO AEDILITATE S P STRAVIT만 남아 있음). 내용은 "에라스도가 그의 시 재무관 보답으로 자기 경비로 이 도로를 포장함" 입니다. 비문에 적혀 있는 에라스도가 로마서 16장 23절에 나오는 인물인지 아닌지 확실하지 않습니다. 성경구절에 나오는 인물이라면, 고린도 시의 재무를 담당했던 고관으로 바울의 전도를 받아 그리스도인이 되었던 사람입니다.

④ 회당의 존재를 보여주는 대리석 조각

'히브리 회당'이란 글자인 중간부분(ΣΓΝΑΓΩΓΗ ΕΒΡΑΙΟΓΣ 중에 Γ ΩΓΗ ΕΒΡ만 남아 있음)이 기록되어 있는 대리석 조각이 발견되어, 고린도에 유대교 집단이 있었음을 입증해 줍니다.

3. 겐그레아(Cenchreae, 오늘날 Kechries)

"바울은 더 여러 날 유하다가 형제들을 작별하고 배 타고 수리아로 떠나 갈새 브리스길라와 아굴라도 함께하더라 바울이 일찍 서원이 있으므로 겐그레아에서 머리를 깎았더라"(행 18:18).

1) 겐그레아의 역사

겐그레아는 대도시인 고린도를 지원하는 두 항구도시 중 하나로 아시아 지역과의 무역항구 역할을 담당했습니다. 겐그레아에서 고린도까지의 거리는 약 10km입니다. 겐그레아는 지금 폐허가 되어 바다에 잠겨 있습니다. 4세기경 건축된 바실리카풍의 교회 잔해가 물에 잠긴 이집트 이시스 신전 옆에 남아 있습니다.

2) 겐그레아에서의 바울

바울은 1년 6개월 동안 심혈을 기울여 전도했던 고린도를 떠나게 됩니다. 이때 함께 일하며 전도하던 아굴라와 브리스길라 부부도 바울과 동행합니다. 바울 일행은 배를 타기 위해 고린도에서 동쪽 약 10km 지점 사로닉 만(Saronic Gulf)에 있는 항구 겐그레아로 갔고, 바울은 서원한 것이 있어서 겐그레아에서 머리를 깎았습니다. 겐그레아에는 신실한 여집사 뵈뵈(Phoebe)가 있었고, 바울의 전도로 세워진 겐그레아 교회도 있었습니다. 바울 일행은 항구에서 배를 타고 에베소로 향합니다.

왜 바울은 겐그레아에서 머리를 깎았을까?

구약의 나실인에서 그 기원을 찾을 수 있습니다. 나실인은 '하나님께 헌

겐그레아에 있는 이집트 이시스 신전과 교회터

신하는 삶을 살기 위하여 스스로를 세상과 구별한 자'를 가리키는데, 민수기 6장 1-21절에 나오는 모세의 율법에 의하면 하나님께 헌신하기로 서원한 사람은 남녀를 불문하고 나실인이 될 수 있었습니다. 나실인의 종류는 평생 나실인과 일정 기간만 서원하는 나실인이 있었습니다. 특별히 부분적인 나실인은 그 기간이 종료되었을 때 하나님께 제사를 드리며 그동안 길렀던 머리카락을 잘라 하나님 앞에 불태워 바치도록 규정되어 있습니다(민 6:18-20).

바울은 일정 기간에만 서원하는 나실인으로서 이러한 규례를 좇아 나실인으로 서원했던 기간이 차자 머리를 깎은 것으로 보입니다. 즉 고린도에서 있었던 자신의 사역을 위해 특별한 서원을 하고 나실인의 규례를 지켜 머리를 길렀다가 서원 기간이 지나자 머리를 깎은 듯합니다.

9
에베소
(Ephesus)

"에베소에 와서 저희를 거기 머물러 두고 자기는 회당에 들어가서 유대인들과 변론하니 여러 사람이 더 오래 있기를 청하되 허락지 아니하고 작별하여 가로되 만일 하나님의 뜻이면 너희에게 돌아오리라 하고 배를 타고 에베소를 떠나"(행 18:19-21).

바울의 첫 번째 에베소 방문입니다. 아굴라와 브리스길라 부부도 동행하여 에베소에 도착합니다. 바울이 회당에서 여러 날 유대인들과 변론하였고 여러 사람들이 더 있기를 청하였는데, "만일 하나님의 뜻이면 다시 오리라" 하고 배를 타고 예루살렘으로 떠납니다. 이때 아굴라와 브리스길라 부부는 에베소에 남게 됩니다.

폐허가 된 에베소의 중심 거리

10
가이사랴
(Caesarea)

"가이사랴에서 상륙하여 올라가 교회의 안부를 물은 후에 안디옥으로 내려가서"(행 18:22).

가이사랴는 원래 모래지역으로 베니게에 속한 요새였습니다. 나중에 로마가 이곳을 점령하고 로마 황제 아우구스투스는 이곳을 헤롯 대왕에게 주었습니다. 헤롯은 가이사 아우구스투스를 기념하여 '가이사랴'(Caesarea)라고 성읍의 이름을 고치고, 12년 간에 걸쳐 대대적인 개수공사를 실시하여 BC 10년에 훌륭한 항구도시로 만들었습니다. 그 뒤 극장, 원형 경기장, 수로, 황제 숭배의 대신전 등을 갖춘 전형적인 헬레니즘 도시가 되었습니다.

가이사랴는 팔레스틴 전체의 교통의 요충이 되어 정치적, 군사적으로는 예루살렘을 제압하고, 헤롯의 아들 아켈라오(Archelaus)가 AD 6년 왕위를 빼앗긴 후 로마 총독과 그의 군대가 이곳에 주둔했습니다. 또한 동방의 귀한 물건과 로마의 귀한 물건이 이곳에서 거래되면서 유대는 부를 쌓게 되었고 이것으로 헤롯의 궁전을 세울 수가 있었습니다.

예루살렘으로 가기 위해 바울은 가이사랴 항구에 도착하고 육로로 예루살렘으로 갑니다. 그리고 예루살렘 교회 성도들과 잠시 교제를 한 후 수리아 안디옥으로 내려갔습니다.

아켈라오(Herod Archelaus)

아켈라오는 헤롯 대왕의 아들로, 첫 번째 상속자로 지명받아 유대와 사마리아를 다스리게 되었습니다. 요셉과 마리아가 애굽으로 피난해 있다가 헤롯이 죽었다는 천사의 계시를 받고 유대로 올라왔는데, 그때 유대 땅은 아켈라오가 다스리고 있었습니다(마 2:22). 그러나 형제인 안티파스와 다른 유대인들의 반대로 결국 아우구스투스는 아켈라오를 왕(King)으로 세우지 않고 유대와 사마리아의 분봉왕(Tetrarch)으로 세웠습니다. 유대의 남은 땅은 안티파스와 빌립에게 나누어 주었고, 이들 역시 분봉왕으로 부임하였습니다. 아켈라오는 끊임없는 유대인들과의 마찰로 인하여 AD 6년 갈리아 지방으로 추방되었습니다.

가이사랴에서 어떤 일들이 있었나?

① 바울은 전에 회심한 후 예루살렘에서 예수님의 제자들을 만나려 했는데, 다들 바울과의 만남을 두려워하여 제대로 만남을 갖지 못했습니다. 이에 바울은 혼자 예루살렘에서 복음을 전하는데, 이를 못마땅하게 여긴 유대인들이 바울을 죽이려고 하였고, 이때 예루살렘의 형제들이 바울을 고향인 다소로 피신시키기 위해 이곳에 왔습니다(행 9:30).

② 헤롯 아그립바 1세는 AD 44년 예루살렘에서 요한의 형제 야고보를 죽이고, 베드로의 탈옥 사건이 벌어졌을 때 가이사랴로 내려왔습니다. 그리고 왕은 AD 44년 가이사랴에서 죽었습니다(행 12:19, 23).

제6장
바울의 3차 선교여행

바울은 얼마 있다가 갈라디아와 브루기아 땅을 차례로 다니며 제자들과 교제를 합니다. 이때 알렉산드리아에서 온 아볼로라 하는 유대인이 에베소에 와서 예수에 대해 가르쳤습니다. 아볼로가 고린도에 있을 때 바울은 윗지방으로 다녀 에베소에 도착을 합니다(행 18:23-19:1).

폐허가 된 아데미 신전의 기둥

1
수리아 안디옥에서 에베소

바울은 안디옥을 떠나 아마누스 산맥, 길리기아 평야, 길리기아 관문 그리고 윗지방, 즉 갈라디아와 브루기아 땅을 다녀 에베소에 도착을 하게 됩니다. 갈라디아, 브루기아 땅을 지나 에베소로 가는 길은 그 당시 두 곳이 있었습니다(Veysel Donbaz, *The Royal Roads of Anatolia*).

첫째, 이고니온에서 피시디아 지방을 지나가는 루트가 있었습니다. 이고니온에서 피시디아 지방의 안디옥을 지나 계속 서쪽으로 가면 아페메이아, 골로새, 라오디게아, 히에라볼리를 거쳐 마니우스 아퀼리우스(Manius Aquillius, BC 129-126)가 아시아 총독이었을 때 만든 도로를 따라 마그네시아를 거쳐 에베소에 도착하게 됩니다. 이 루트는 성경에 나오는 '윗지방'을 통과하지 않는다고 일반적으로 이야기합니다.

둘째, 이고니온에서 피시디아 지방을 거치지 않고 지나가는 루트가 있습니다. 이고니온에서 피시디아 지방의 북쪽을 지나가게 됩니다. 오늘날의 아프욘, 사데, 북쪽 마그네시아를 거쳐 에베소에 도착하게 됩니다. 이 루트의 경우는 이고니온에서 북서쪽을 향해 진행하게 되고 결국 에베소로 가려면 다시 서남쪽으로 내려와야 하는, 즉 우회하는 루트라고 할 수 있습니다.

필자는 둘 중에 피시디아 지방을 지나가는 루트를 바울이 선택했을 것이라고 생각합니다. 우회하지 않는 길이기 때문입니다. 또 아페메이아, 골로새, 라오디게아 등의 도시들도 브루기아 지방의 도시이기 때문입니다. 즉 윗지방인 브루기아와 갈라디아 땅을 거쳤다는 이야기가 됩니다. 바울은 에베소로 가기 전 골로새, 라오디게아, 히에라볼리 그리고 마그네시아를 거쳐 에베소에 도착하였다고 할 수 있습니다.

아볼로(Apollos)

아볼로는 알렉산드리아 출신의 유대인으로, 헬라의 수사학과 유대 랍비 학문을 배웠고 세례 요한으로부터 주의 도를 배웠습니다(행 18:24-25). 에베소의 회당에서 복음을 전했고 아굴라와 브리스길라 부부를 통해 복음에 관한 지식을 확고히 할 수 있었습니다. 한때 에베소 교회의 추천으로 아가야 지방에서 선교를 했던, 특별히 고린도 교회의 2대 목사로 사역을 했던 기독교 변증가였습니다.

2
에베소
(Ephesus, 오늘날 Selçuk)

"서기장이 무리를 안돈시키고 이르되 에베소 사람들아 에베소 성이 큰 아데미와 및 쓰스에게서 내려온 우상의 전각지기가 된 줄을 누가 알지 못하겠느냐"(행 19:35).

위의 구절을 톰슨대역 한영성경으로 확인하면 다음과 같습니다.

풍요, 비옥 그리고 다산을 상징하는 아데미 여신상

"에페소스 사람들아, 에페소스 사람들의 도시가 위대한 여신 다이아나를 숭배하는 장소가 되고 또 주피터에게서 떨어진 형상을 숭배하는 장소가 된 것을 알지 못하는 이가 누가 있겠느냐?"

에베소는 여신 아데미(다이아나)와 쓰스(제우스 또는 주피터)에게서 떨어진 형상을 숭배하는 지역이었습니다.

아데미는 무엇인가?

그리스 신화의 아데미 신은 원래 달의 여신인데 아나톨리아의 지중해 도시국가에서는 비옥, 풍요 그리고 다산을 상징하는 여신이 되었습니다. 여신의 머리에는 성벽이 조각되어 있는데 이는 도시민의 신이요, 보호자라는 뜻입니다. 머리 뒷부분에는 반달이 그려져 있습니다. 달과 별의 여신으로 바벨론과 팔레스틴의 아스타르테(Astarte)를 상징하는데, 이는 아데미 여신이 바벨론의 여신과 같다는 것을 의미합니다. 팔에는 사자들이 부조되어 있고 가슴에는 많은 혹이 있습니다. 이 혹을 어떤 사람들은 여왕벌 둘레에서 생식하는 벌 무리를 나타낸다고 해석하는 사람들이 있는가 하면, 여왕벌의 순결이라고도 하고, 황소의 고환이라고 하는 사람도 있습니다. 아데미 여신의 축제 때마다 많은 소가 제물로 바쳐지는데 소의 고환을 여신상의 목에 걸치고 의식을 행했기 때문에 유추된 해석입니다. 어떤 사람은 모성을 강조하는 여성의 유방을 의미한다고 주장하기도 합니다. 아데미가 모든 생물의 어머니가 되고 축복의 근원이 되는 여신이라는 것을 강조하기 위해 도시의 여러 곳에서 볼 수 있습니다(Mehlika Seval, Ephesus).

쓰스(제우스 또는 주피터)에게서 떨어진 형상은 무엇인가?

BC 1300년쯤 헷 족속의 무르실리스 2세와 아르자와(Arzawa)의 우하지티 사이에 전쟁이 있었습니다. 전쟁이 한창일 때 하늘에서 이상한 일이 일어났

아데미 신전의 앞면. 신전 안에는 아데미 여신상이 있다.

습니다. 밝게 빛나는 물체가 헷 족속의 뒤쪽에서 번쩍 하고 나타나더니, 하늘을 가로지르며 서쪽으로 날아가서 아르자와 왕국의 수도인 아파사스(Apasas, 에베소)에 떨어진 것입니다. 아파사스에는 우하지티 왕의 왕궁이 있었는데 이때 왕궁과 집들이 부서졌다는 것입니다. 이것이 의미하는 바는 명백했습니다. 신이 헷 족속의 손을 들어준 것입니다. 이후 아르자와는 헷 족속의 수중에 떨어졌고, 이 지역 사람들은 하늘에서 떨어진 운석을 섬기게 되었습니다(마누엘 로빈스, 《청동기 시대의 멸망》).

즉 에베소 사람들은 하늘에서 떨어진 운석을 아데미 신전에 모시고 있었습니다.

1. 에베소의 역사

헷 족속 역사를 보면 언제부터인지 모르지만 아르자와(Arzawa) 왕국이 아파사스(Apasas)를 중심으로 소아시아의 서쪽 지역을 다스리고 있었다고 합니다.

BC 1200년 이후 도리아인들이 그리스 본토에 유입되면서 이오니아인들이 에게 해를 건너 오늘날 터키의 서쪽 카이스터 강(Cayster River)의 하류와 에게 해가 만나는 피온 산(Pion Mountain)을 중심으로 정착을 하게 되는데, 이때 아테네의 왕자 안드로클레스(Androcles)가 중추적인 역할을 하였습니다.

리디아 왕국이 소아시아의 서쪽 지역을 지배하는 BC 600년대에 이오니아인들은 아데미 신전을 세웁니다. 이후 아데미를 최고의 신으로 떠받들게 되었고, 자연적으로 도시의 중심은 아데미 신전과 오늘날의 아야솔룩(Ayasoluk) 언덕 근처로 옮겨집니다.

BC 546년 리디아 왕국을 점령한 페르시아의 고레스 이후 다리우스 왕은 그리스를 공격하기 위해 사데에서 에베소까지 연결되는 길을 만듭니다. BC 499년 이오니아의 12도시가 밀레도를 중심으로 페르시아에 반란을 일으켰을 때 에베소 사람들은 눈치를 보며 싸우지를 않았고, 이에 다리우스 왕은 에베소만 파괴하지 않았습니다.

알렉산더 대왕은 BC 334년 페르시아 군인들을 소아시아에서 몰아내는데, 알렉산더의 장군들 중에 리시마쿠스(Lysimachus)가 옛 에베소 지역에서 현재 유적지가 있는 코레소스 산(358m)과 피온 산(155m) 사이의 계곡으로 도시를 옮기게 됩니다. 이곳이 19km의 성벽으로 둘러싸인 성경의 에베소 도시이고, 바울이 사역했던 지역입니다.

버가모 왕국의 아탈로스 3세가 BC 133년에 버가모 왕국을 로마에게 바치면서 로마의 소아시아 지역에 대한 지배가 시작이 되는데, 로마는 BC 129년 아시아 지방을 만들고 에베소는 아시아 지방의 중요한 국제적 상업도시로 각광을 받게 됩니다. 에베소는 AD 1세기에 인구가 25만 명에 육박함으로써 로마 제국에서 로마, 알렉산드리아, 안디옥 다음으로 큰 도시가 되었습니다. 에베소는 항구도시로서 AD 1244년까지 각국의 배들이 들어왔습니다.

에베소는 종교업, 즉 아데미 신전을 중심으로 신전과 신상을 조각으로 만들어 사고 팔았고, 수많은 사람들을 위한 숙박업도 발전하였으며, 아데미 신전 안에 금고를 만들어 귀족과 부자들의 귀중품들을 보관하는 금융업도 발전하였습니다. 또 카이스터 강 상류에서 품질 좋은 대리석이 발견되면서 석재 산업이 발전하였습니다. 즉 바울 시대에 에베소는 아시아에서 제일 크고 번영하는 국제적 상업 도시가 되었습니다.

비잔틴 제국의 전성기인 유스티니아누스 황제 때 요한 교회의 무덤에 있는 먼지에 효력이 있다는 소문이 돌면서 많은 사람들이 에베소로 몰려오게 되었고, 새로운 종교산업으로 자리를 잡게 됩니다. 이때 에베소에 큰 부흥이 있게 됩니다. 1880년대 이후 에베소 뒷산에 마리아가 살았다고 교황청이 공식 확인을 하면서 다시 종교산업이 일어났고, 지금도 세계에서 많은 사람들이 이곳을 방문하고 있습니다.

에베소에서 바울이 먼저인가, 사도 요한이 먼저인가?

〈사도 요한에 대한 기록들〉

① 교회사학자 유세비우스에 의하면 37-42년 사이 예수님의 제자들은 예루살렘을 떠났는데, 이때 사도 요한이 마리아를 모시고 에베소에 왔다고

합니다.

② 431년 에베소 회의록에 의하면 37-48년 사이 요한과 마리아가 에베소에 왔다고 합니다.

③ 폴리캅의 제자 이레니우스, 에베소의 2세기 주교인 폴리크라테스 그리고 알렉산드리아의 클레멘트 등의 저서에 의하면 사도 요한은 예수가 죽은 후 마리아를 예루살렘에 있던 자기 집에 모셔다가 마리아가 죽을 때까지 11년 동안 살폈다고 합니다. 그리고 흩어진 성도들의 활동에 의해 복음이 소아시아 지방에서 세력을 얻게 되자, 에베소의 성도들이 사도 요한을 에베소로 초청하였고, 사도 요한은 이를 받아들여 에베소에 왔다고 합니다.

④ 트레일러(Ellen Gunderson Traylor)는 《우레의 아들, 요한》이라는 책에서 80년에 요한이 마리아와 함께 에베소에 왔고, 83년에 마리아가 죽었다고 기록하고 있습니다.

〈바울에 대한 기록 : 성경〉
바울의 첫 번째 에베소 방문은 2차 여행의 후반 아굴라와 브리스길라 부부와 함께 방문했을 때이므로 AD 51-52년쯤 됩니다.

위의 기록들을 비교한다면 사도 요한의 에베소 사역은 30-40년대, 바울의 에베소 사역은 50년대가 됩니다. 즉 사도 요한이 바울보다 에베소에 일찍 들어와 사역한 것이 됩니다. 그러나 성경의 바울 서신에는 요한의 복음 증거 사실을 언급하는 내용이 없습니다. 요한이 먼저 에베소에 들어왔다면 바울은 그의 서신에서 적어도 한 번 이상 요한을 언급했을 것입니다. 그러므로 요한이 바울 먼저 에베소에 들어왔다는 것을 인정하지 않습니다.

2. 에베소에서의 바울

"너희가 믿을 때에 성령을 받았느냐"(행 19:2).

AD 53년쯤 에베소에 들어온 바울은 회당에서 3개월 그리고 두란노 서원에서 2년, 모두 약 3년 동안 있으면서 날마다 제자들을 양육하며 복음을 전했습니다(행 19:8-10).

약 3년 동안 바울이 에베소에 있을 때 어떤 문제들이 있었습니까? ① 갈라디아 교회의 문제, ② 고린도 교회의 문제, ③ 아데미 여신을 섬기는 사람들의 핍박, ④ 유대인들의 핍박이 있었습니다.

1) 갈라디아 교회의 문제

바울이 갈라디아 서신을 쓴 날짜와 장소에 대해서는 세 가지 주장이 있습니다.

① 2차 선교여행 시작 직전 수리아 안디옥에서 : 1차 선교여행 때 갈라디아 지역을 가는 데 한 번, 돌아오는 데 한 번 총 두 번을 방문했고, 돌아오자마자 갈라디아인들이 하나님으로부터 등을 돌렸다(갈 1:6)는 소식을 듣고 안디옥에서 서신을 썼다고 합니다(남쪽 갈라디아에 편지를 보냈다는 전제하에).

② 2차 선교여행 중 고린도에서 : 예루살렘 회의 이후 갈라디아 땅을 지나 유럽으로 넘어갔는데(행 16:6), 곧바로 갈라디아인들의 불신 소식을 듣게 되었고 이에 고린도에서 서신을 썼다고 합니다(북쪽 갈라디아에 편지를 보냈다는 전제하에).

③ 3차 선교여행 중 에베소에서 : 에베소에서 사역을 하기 전 갈라디아 땅을 다니며 복음을 전했는데(행 18:23), 얼마 되지 않아 갈라디아

인들의 불신 소식을 듣게 되어 에베소에서 서신을 썼다고 합니다(북쪽 갈라디아에 편지를 보냈다는 전제하에).

　필자는 브루기아와 갈라디아의 도로와 지리적인 여건상 바울이 북쪽 갈라디아에 편지를 보냈고, 편지를 쓴 장소는 3차 선교여행 중 에베소에 머물 때라고 생각합니다.

　아볼로가 고린도에 있을 때에 바울은 윗지방으로 다녀 에베소에 도착하게 되었습니다. 바울은 에베소에 있을 때 "이방인 성도들도 율법과 할례를 지켜야 한다"고 주장하는 유대인 성도들(할례당)이 예루살렘에서 갈라디아 교회로 들어와 성도들을 혼란에 빠지게 했고, 실제적으로 성도들이 할례를 받았다는 소식을 접하게 됩니다. 갈라디아 교회의 문제는 다음과 같습니다.

　첫째, 바울은 예수님을 직접 따라다니지 아니하였기에 사도가 아니다. 예수님의 제자도 아니다. 사도들로부터 교육도 받지 않았다. 사도들의 지도와 감독을 무시하고 독단적으로 선교를 하였다.

　둘째, 바울은 예루살렘에서 전하지 않는 복음을 전하였다. 즉 할례와 율법을 지키지 않아도 좋다고 하였다.

　위의 내용들을 트집잡아 할례당은 바울을 비난하였습니다.

　이에 바울은 갈라디아에 있는 성도들에게 이렇게 권면합니다.

　첫째, 하나님이 사도로 부르시고, 가르치셨고, AD 49년 예루살렘 회의에서 이방인에게 가르칠 수 있는 권한을 사도들로부터 받았으며, 특별히 사도들에게 가르침을 주었다고 강하게 주장하는 편지를 씁니다. 이 편지가 갈라디아서입니다. 또한 예루살렘 회의에서 예루살렘 교회를 돕기로 결정했다는 사실을 편지 안에 첨가하여 알립니다(갈 2:10).

둘째, 갈라디아 교회는 바울의 편지를 받고 난 후 바울의 복음을 따르기로 결정하였습니다. 고린도전서를 쓸 때 갈라디아 교회가 예루살렘 교회를 위해 모금 중에 있다는 것이 암시되어 있습니다(고전 16:1-2, '갈라디아 교회들에게 명한 대로 너희도 헌금을 모으라').

구원은 은혜로 받지만 구원을 보존하기 위해 율법이 필요합니까?

종종 듣는 질문입니다. 갈라디아 교회 성도들이 혼란스러워했던 질문이기도 합니다. 정답은 구원을 보존하기 위해 율법이 필요하지 않다는 것입니다. 에베소서 2장 8-9절을 보면, "너희가 그 은혜를 인하여 믿음으로 말미암아 구원을 얻었나니 이것이 너희에게서 난 것이 아니요 하나님의 선물이라 행위에서 난 것이 아니니 이는 누구든지 자랑치 못하게 함이니라"고 했습니다.

2) 고린도 교회의 문제

바울은 갈라디아 교회 성도들의 문제와 더불어 이제는 고린도 교회의 문제들을 듣게 됩니다.

① 글로에 사람들의 에베소 방문(고전 1:11), 고린도 교회 교인들이 바울에게 편지 보냄(고전 7:1), 고린도 교회 사절단의 방문(스데바나, 브드나도, 아가이고, 고전 16:17) 등 바울은 아볼로를 통하여 고린도 교회의 문제들을 듣게 됩니다.

② 바울은 문제들의 대답을 써서 고린도에 보냅니다(고전 5:9). 그러나 잃어버렸습니다(잃어버린 편지).

③ 바울은 예루살렘 성도들을 위한 헌금을 모으기 위해 디모데를 아가야와 마케도니아 지방에 보냅니다. 이후 바울은 고린도 전서를 써서 고린도 교회로 보냅니다(디모데가 전달했다는 주장도 있음).

④ 디모데의 설명 : 에베소에 돌아온 디모데는 고린도 교회 성도들이 바울을 비방하고 있다는 소식을 전하게 됩니다.

⑤ 바울의 고린도 방문(고후 13:1) : 생각다 못해 바울은 두 번째로 고린도를 방문합니다. 그런데 고린도 교회에서 '어떤 사람'(고후 2:5, 7)이 바울을 면전에서 모욕하고, 대부분의 성도들은 침묵함으로 동조를 합니다. 결국 말이 시원치 않았던 바울은 아무 성과 없이 에베소로 돌아옵니다.

⑥ 에베소에 돌아온 바울은 안타까운 마음으로 일명 '눈물과 분노의 편지'(고후 10-13장)를 써서(고후 2:4) 디도가 고린도로 전달합니다(디도가 전달하지 않았다는 주장도 있음).

⑦ 데메드리오 소동 : 그 편지에 대한 고린도 성도들의 반응과 결과를 기다리고 있을 때, 데메드리오가 에베소의 아고라에서 소동을 일으켰고, 이후 바울은 에베소를 떠나 마케도니아로 향합니다(행 20:1).

⑧ 드로아에서 복음을 전하지 않는 바울 : 바울은 드로아에서 전도의 문이 열렸음에도 불구하고 디도를 만나지 못함으로 심령이 불편해서(고후 2:13) 복음을 전하지 않고 그냥 마케도니아로 갑니다.

⑨ 바울은 마케도니아에서 디도를 만나 고린도 교회 성도들이 바울의 진심을 받아들였다는 소식을 듣고 기뻐합니다. 이에 바울은 고린도후서를 써서 디도 편에 다시 고린도로 보냅니다.

고린도 교회 성도들이 에베소의 바울을 비난한 이유

① 바울이 고린도에 있을 때는 착한 척, 돈에 관해서는 깨끗한 척하면서 아굴라와 브리스길라 부부와 함께 천막을 만들면서 돈을 번다고 했는데, 에베소에 가서는 자기 제자들, 즉 디모데와 디도를 자꾸 고린도에 보내면서 예루살렘 교회의 가난한 성도들을 빙자해서 돈을 내라고 한다고 바울을 비난하

였습니다.

② 바울은 예루살렘 교회로부터 특별한 직분 같은 것을 받지 않았음에도 자칭 직분자로, 사역자로 자신을 소개하였기에 바울을 비난하였습니다.

3) 아데미 여신을 섬기는 사람들의 핍박 : 데메드리오의 소동(행 19:23-41)

에베소는 아데미 여신을 섬기는 도시로 알려져 있습니다. 그래서 아데미 신전의 모형과 신상을 만드는 은장색, 즉 은세공업자들의 동업조합이 에베소에 있었습니다. 그런데 은세공업자인 데메드리오는 바울의 전도가 그들의 생활을 위협하고, 우상과 미신을 천하게 보는 기독교가 전파되면 그들의 전통적인 여신 아데미도 위엄이 떨어지고 멸시를 받게 될 것이라면서 직공들과 상인들을 시장에서 충동질 하였습니다. 흥분한 백성들은 "크다, 에베소 사람의 아데미여!"라는 구호를 외치며 극장으로 몰려 들어갔습니다. 이때 바울과 같이 다니

데메드리오에 의해 생겨난 불법적 모임이 있었던 에베소의 대극장

던 가이오와 아리스다고를 잡아 극장으로 끌고 갔습니다.

유대인들은 그리스도인들과 다르다는 것을 변명하기 위해 무리 앞에 알렉산더를 보냈고, 알렉산더가 변명하려 할 때 무리는 큰소리를 외치면서 저지하였고 두 시간 동안이나 계속되었습니다. 유대교의 입장을 변론하지 못한 것은 에베소 사회에서 유대교가 얼마나 무력한 위치에 있었는가를 단적으로 보여줍니다.

군중의 대부분은 자신들이 왜 모였는지, 무엇 때문에 떠들었는지도 모르고 불법 모임에 참여하였습니다. 마침 서기장이 "누구를 고소할 것이 있으면 정식으로 민회에 고소장을 제출하고 극장에서 모임을 하라"고 군중을 설득했고, 이 말에 불법적 모임은 끝이 났습니다. 시장에서 시작된 소동은 극장에서 끝이 났습니다.

참고로, 에베소 시민들이 시장에서 소동이 일어났을 때 극장으로 몰려간 이유는 시민들이 모임을 갖는 민회의 장소가 극장이었기 때문입니다. 그 당시 민회는 한 달에 세 번 열렸다고 합니다.

4) 유대인들의 핍박

바울은 처음 에베소에 와서 회당에서 말씀을 나누었습니다. 그런데 3개월 정도 말씀을 나눌 수밖에 없었습니다. 그 이유는 유대인들이 바울이 전하는 복음에 반기를 들었기 때문이었습니다. 유대인들이 에베소 사회에서 그렇게 영향을 발휘하지는 못했지만 바울의 사역에 어려움을 주었을 것으로 생각할 수 있습니다.

3. 바울 학파의 형성

바울의 에베소 선교는 아시아 전역에 영향을 끼친 것으로 나타납니다.

에베소 시장에서 데메드리오가 소동을 일으켰을 때 데메드리오는 "바울이 에베소뿐 아니라 거의 아시아 전부를 통하여 전도한다"고 했습니다(행 19:26).

바울은 에베소의 장로들을 밀레도로 초청하여 고별설교를 할 때 "에베소뿐만 아니라 아시아에 들어온 첫날부터"라고 하였습니다(행 20:18).

바울은 동역자들과 함께, 예를 들어 바나바, 마가, 실라, 디모데, 디도, 아굴라와 브리스길라, 아볼로 등과 함께 에베소를 중심으로 아시아를 넘어선 마케도니아, 아가야까지 복음을 증거하였고 교회들을 세우려고 노력하였습니다.

빌립보 교회의 자주장사 루디아, 에바브로디도, 순두게와 유오디아, 클레멘트가 있고, 데살로니가 교회의 야손, 아테네 교회의 아레오바고 관원 디오누시오, 다마리라 하는 여자, 고린도 교회의 스데바나, 아가이고, 브드나도, 글로에, 더디오, 에라스도, 골로새 교회의 빌레몬, 오네시모, 히에라볼리 교회와 라오디게아 교회의 골로새 출신인 에바브라, 더베 교회의 가이오와 그 외 아시아 사람, 두기고, 드로비모 등과 함께 사역을 하였습니다.

즉 바울은 에베소를 중심으로 사방을 다니면서 복음 증거와 제자 양육을 하였고, 바울의 제자들도 에베소를 포함하여 아시아, 마케도니아, 아가야 등 전 지역에 복음을 증거하고 교회를 세워 나갔습니다.

바울에게서 복음을 듣고 훈련을 받은 제자들이 열심히 복음을 전파하였고, 어려운 문제가 생기면 바울의 신학적 입장에서 이를 재해석하여 교회를 지켜 나갔습니다. 이러한 관점에서 바울 학파가 형성되었다고 볼 수 있습니다.

초창기 교회의 형태

바울은 에베소를 중심으로 사역을 하였지만 에베소에 큰 교회를 세우지는 않았습니다. 바울은 복음을 전하고 제자들을 양육하였습니다. 양육받은 제자들은 자신들의 집을 개방하여 모임을 가졌습니다. 즉 초대교회는 가정교회이며 소교회였습니다.

4. 에베소의 유적들

1) 아데미 신전

고대 7대 불가사의 중의 하나로 BC 600년대부터 건축되기 시작해서 적어도 일곱 번 재건축되었다고 합니다. 특히 리디아 왕국의 크로에수스 왕이 건축에 많은 도움을 주었다고 합니다. 이때의 신전은 120년 동안 건축되었다고 하며 크기는 대략 길이 90m, 너비 45m, 높이 15m였고, 기둥 127개가 있었다고 합니다. 그러나 BC 356년 알렉산더 대왕이 태어날 때 헤로스트라투스(Herostratus)라는 사람이 신전에 불을 질렀습니다. 그 뒤 재건축을 시작하였는데 BC 323년 알렉산더 대왕이 죽은 뒤 완공이 되었습니다. 크기는 대략 길이 135m, 너비 67.5m, 높이 18m, 기둥 127개로 파르테논 신전보다 약 4배가 더 컸다고 합니다. 참고로 비두니아의 총독이었던 플리니(Pliny the Younger)가 AD 111년 트라이아누스 황제에게 보낸 편지에 보면 신전의 크기를 길이 425m, 너비 200m, 높이 20m, 기둥 127개로 언급하고 있습니다. 결론으로 말한다면, 아데미 신전의 크기를 서로 다르게 언급하고 있음을 볼 수 있습니다.

에스더 1장 1절을 보면 "아하수에로 왕이 127도를 다스리고 있었다"고 합니다. 127개의 지방은 페르시아가 점령했던 전 세계를 말하는데, 바로 아데미 신전의 기둥의 수가 똑같이 127개입니다. 즉 아데미는 풍요, 비옥과 다산을 전 세계에 나눠 주는 여신이라는 것을 보여주고 있습니다.

2) 누가의 묘

1860년 에베소 도시의 동쪽 문인 마그네시아 문(Magnesia Gate) 근처의 무너진 건물 속에서 십자가와 황소 모양이 그려진 비석이 발견되면서 누가의 무덤이 세상에 알려지게 되었습니다. 이레니우스, 어거스틴, 제롬 등은 복음서를 동물에 비유해서 설명하였습니다. 즉 에스겔 1장과 요한계시록 4장에 나오는 동물들을 복음서에 적용하였습니다. 그래서 황소를 누가복음에 적용하여 '황소 복음'이라고 불렀습니다.

누가는 언제 어디서 죽었는지는 확실하지 않습니다. 요한이 에베소에 있을 때 누가의 시신은 에베소로 옮겨졌고, AD 356년 황제 콘스탄티누스 2세는 누가의 시신을 디모데, 안드레의 시신과 함께 콘스탄티노플의 '성 12사도 교회'에 이장을 하였다고 합니다. 이후 누가의 머리는 로마의 베드로 교회의 은쟁반 위에, 몸은 이탈리아 파도바(Padova) 시에 있는 성 기우스티나 교회(St. Giustina Church)에 보관 중이라고 합니다.

3) 두란노 서원

두란노 서원에 대해서는 확실하지는 않지만, 두란노라는 이름의 부호가 순회 강연자들에게 제공한 강연 장소였거나 혹은 두란노라

두란노 서원이 있었던 곳이라고 추정되는 지역 위에 세워진 셀서스 도서관

는 저명한 철학자 내지는 수사학자가 철학을 강론한 강의장이었을 것으로 추측하고 있습니다. 에베소 도시의 발굴 당시, 셀서스 도서관 근처에서 '강당'(Auditorium)을 언급하는 비문이 발견되었습니다. 비문에 보면 두란노(Tyrannus)라는 사람의 이름이 적혀 있고 AD 1세기 에베소에 살았다고 합니다. 이것은 두란노의 강의실이 도시의 중앙에 있었다는 것을 설명하고 있습니다.

사도행전의 서양 역본에는 바울이 오전 11시부터 오후 4시까지 강의를 했다고 합니다. 일반적으로 이오니아인 도시들의 일상적인 삶은 오전에 끝이 나고 오후엔 쉽니다. 그래서 바울도 오전에 천막 짓는 일을 했을 것입니다. 이때 두란노는 강의를 위해 강당을 사용했거나 다른 이들에게 빌려 주었을 것입니다. 오후에는 바울이 강당을 빌려 성경에 대한 논의와 토론이 진행되었을 것입니다.

4) 바울의 감옥

항구의 서쪽 언덕 위에 있습니다. 원래 이곳은 BC 280년대 리시마쿠스에 의해 지어진 헬레니스틱 망루였습니다. 망루는 항구에서부터 코레소스 산의 능선을 따라 8km의 방어적인 도시 성벽의 한 부분이었습니다. 망루 안에 이곳을 '아스티아게스의 언덕' 이라고 설명하는 비문이 있습니다.

5) 바울의 동굴(St. Paul's Grotto)

코레소스 산의 북쪽 기슭에 동굴이 있습니다. 에베소의 근교인 쉬린제(Şirince) 마을에 그리스도인들이 살고 있었는데, 1892년 마을의 동장은 19세기까지 '비밀 성모 마리아'(Kryphe Panaghia)라 불리는 동굴에서 예배를 드렸다고 했습니다. 이 동굴 안에는 여러 그림들이 있고 그 중에 바울의 그림이 있어서 '바울의 동굴' 이라고 부릅니다. 바

에베소 항구의 서쪽 언덕 위에 있는 바울의 감옥

울의 그림 양쪽에 테클라(Thekla)와 어머니 테오클리아(Theoklia)가 있는데, 이 그림은 5세기 말에서 6세기에 그려진 것입니다.

6) 사도 요한 교회

아야솔룩 언덕에 있는 사도 요한의 무덤을 중심으로 교회가 세워졌습니다. 기독교가 공인된 4세기 초 무덤 위에 4개의 기둥으로 만들어진 돔 형식의 닫집(Ciborium)이 세워졌습니다. 이후 테오도시우스 2세 때 바실리카 형식의 교회가 세워졌으나 지진으로 인해 상당히 피해를 보았습니다. 그래서 유스티니아누스 1세의 도움으로 AD 548년 대리석으로 된 십자가 형태의 교회가 세워지게 되었습니다.

7) 마리아 교회

하드리아누스 황제 때 상거래가 이루어졌던 장소로, 콘스탄티누스 황제가 이곳을 교회로 바꿉니다. 그리고 어느 때부터인가 마리아 교회로 불렀고, AD 431년 3차 종교회의가 에베소의 이곳에서 열렸습니다. 1차와 2차 종교회의에서 하나님과 예수님의 관계가 집중적으로 논의되어 삼위일체 이론이 결정되었으며, 3차 회의에서는 마리아와 하나님의 관계가 논의되었습니다.

알렉산드리아의 대주교 시릴(Cyril)은 "1차와 2차 종교회의에서 확인된 대로 예수님께서는 하나님이시다. 고로 하나님을 낳으신 어머니께서는 하나님의 어머니이시다. 즉 마리아는 하나님의 어머니이시다"라고 주장을 하였습니다. 그러나 콘스탄티노플의 대주교인 네스토리우스(Nestorius)는 시릴의 의견에 반대합니다. 그는 하나님께서 인간 예수에게 임하셨다고 하면서, '인간 예수의 어머니'를 강조하였습니다. 로마 황제인 테오도시우스 2세의 사회로 진행된 3

차 종교회의에서 네스토리우스는 이단으로 정죄를 당하게 됩니다. 네스토리우스 집단은 하란으로 옮겨갔고 나중에는 페르시아에 정착을 하게 됩니다. 이들은 예수님이 '인성과 불안한 신성'을 갖고 있다고 주장하였습니다.

참고로, 이집트의 콥틱 그리스도인들은 예수님이 '불안한 인성과 신성'을 갖고 있다고 합니다. 그러나 우리 개신교의 정통 교리는 예수님을 '참 인간과 참 하나님'으로 믿습니다.

사도 요한과 에베소

위에서 언급한 대로, 사도 요한이 언제 에베소에 있었는지는 정확하지 않지만 에베소에 확실히 머물렀습니다. 사도 요한이 에베소에서 바울보다 먼저 사역을 하였다면 그 이후에 온 바울은 당연히 사도 요한과 연관된 이야기들을 들었을 것이고, 서신을 쓸 때 사도 요한에 대한 언급을 하였을 것입니다. 그러나 바울의 서신을 보면 요한에 대한 언급이 없습니다. 그래서 사도 요한은 바울 이후 에베소에 정착하여 사역하였을 것으로 생각합니다. 사도 요한은 도미티아누스 황제(Domitianus, AD 81-96) 때, 에베소에서 밧모 섬으로 유배되었고, 트라이아누스 황제(Traianus, AD 98-117) 때에 죽은 것으로 알려져 있습니다.

사도 요한은 아야솔룩(Ayasoluk)이라는 언덕에 묻혔습니다. 아야솔룩이란 '신학자 요한'이라는 뜻입니다. 6세기에 역사가 프로코피우스(Procopius)는 인간의 수준을 넘어서서 하나님의 본성을 잘 설명한 요한에게 신학자의 이름을 붙였습니다. 이후로 요한을 신학자로 부르기도 합니다(Mark Wilson, *Biblical Turkey*).

사도 요한의 서신서들은 사도 요한의 수제자 히에라볼리의 파피아스(Papias)와 일곱 집사 중의 한 사람인 브로고로(Prochorus)가 대필한 것으로 알려져 있습니다.

역사가 유세비우스의 교회사를 보면, 사도 요한과 이단 케린투스(Cerinthus)의 만남에 대한 이야기가 있습니다. 사도 요한은 항구의 목욕탕에 갔을 때 케린투스가 앉아 있었고 사도 요한은 목욕도 하지 않고 "진실의 적인 케린투스가 있는 건물이 곧 무너질 수 있으니 빨리 나가자"고 외쳤다고 합니다. 그 당시 케린투스는 예수님이 메시아로 태어난 것이 아니라 인간 예수가 세례를 받을 때 메시아가 되었다고 주장하는 이단이었습니다.

① 요한복음 작성 : 예수님의 사도들은 거의 다 순교하고 요한만 홀로 남아 있었고, 예루살렘은 멸망했으며 도미티아누스 황제의 그리스도인 박해가 있었습니다. 또한 이단 종파라고 하는 영지주의가 교회를 아주 많이 훼방하고 있었던 AD 90년경 사도 요한은 예수님의 신성을 강조하는 요한복음을 쓰게 됩니다.

② 요한1서 작성 : 참사랑을 강조하는 서신입니다. 그래서 요한을 '사랑의 사도', 요한1서를 '사랑의 서신'이라고도 합니다. 또한 요한은 그리스도가 육체로 임하신 것을 부인하는 자들을 적그리스도요 이단이라고 하면서 경계하라고 합니다.

③ 요한2서 작성 : 요한은 자기 집을 가정교회로 운영하는 한 여성이 이단에 넘어가지 않고 끝까지 진리에 서 있다는 소식을 듣고 기뻐하면서 이단을 끝까지 경계하라고 부탁합니다.

④ 요한3서 작성 : 가이오(Gaius)라는 한 개인에게 보낸 서신입니다. 요한은 순회 전도자들을 대접한 가이오를 칭찬하고 있습니다. 또한 요한의 권위에 도전하고, 요한이 보낸 전도자들을 거부하였으며, 전도자들을 받아들이려 했던 사람들을 오히려 교회에서 추방하였던 교만하고 으뜸 되기를 좋아했던 디오드레베(Diotrephes)를 책망하고 있습니다.

∽ 사도 요한이 밧모 섬에 유배된 이유 중의 하나를 설명하기 위해 베스파시아누스 황제의 가족을 소개합니다

① 베스파시아누스 황제(Vespasianus, AD 69-79) : 로마의 장군이었던 베스파시아누스는 66년 이후 유대인 혁명이 일어났을 때, 67년 요드파트(Yodfat) 전투에서 유대인들을 다 죽이고 오직 요세푸스만을 생포합니다. 예루살렘으로 진군하던 중, 네로 황제가 죽었다는 소식을 듣고 진군을 멈추고 명을 기다리게 됩니다. 후에 원로원에 의해 베스파시아누스 장군은 로마 황제의 자리에 오르게 됩니다(AD 69-79). 베스파시아누스 황제는 예루살렘을 정벌할 수 있었지만 큰아들인 티투스에게 기회를 주어 티투스로 하여금 예루살렘을 정벌하게 하였고, 티투스는 요세푸스의 도움으로 예루살렘을 멸망시킵니다(AD 70).

② 큰아들 티투스 황제(Titus, AD 79-81) : 사도행전 25장 13절에서 '아그립바 2세 왕과 한 살 어린 누이 버니게' 라고 언급되어 있습니다. 이들은 새로 부임한 총독 베스도에게 문안하려고 가이사랴에 왔다가 감옥에 있던 바울을 만나게 됩니다. 티투스는 바로 이 유대인 공주 버니게(Bernice)를 사랑하게 되었습니다. 그러나 원로원은 과거 율리우스 시저가 클레오파트라와 결혼함으로써 일어났던 엄청난 비극을 두 번 다시 원치 않았기에 황제가 외국 공주와 결혼하는 것을 엄격히 규제해 왔습니다. 이 규제에 의해 티투스는 버니게와 결혼하지 못하게 됩니다. 또한 79년 8월 24일 베수비오 화산(Mount. Vesuvius)의 거대한 폭발로 인해 폼페이가 없어지게 되었고, 로마에 지진과 전염병이 돌면서 티투스는 극심한 어려움을 겪게 되는데, 결국 81년 9월 13일 41세의 나이로 급사합니다.

③ 둘째 아들 도미티아누스 황제(Domitianus, AD 81-96) : 형인 티투스 황제의 갑작스런 죽음으로 동생인 도미티아누스가 황제의 자리에 오르게 됩니다. 도미티아누스 황제는 부인이 있었지만 자식이 없던 부인보다 자기 조카를 아주 좋아했습니다. 황제의 부인이 이 사실을 알고 황제의 조카를 죽이게

됩니다. 이후 황제는 양자를 들이기로 했는데, 양자의 부모가 그리스도인이었습니다. 황제는 로마의 전통 종교를 믿지 않고 이교를 믿는 행위에 대해 깊은 반감이 있었기에 양자와 양자의 부모를 죽이게 되면서 그리스도인 박해가 시작되었다고 합니다.

요한행전에 보면, 유대인들은 예루살렘이 멸망할 때 여러 지역으로 흩어졌고, 특히 로마로 몰려들면서 많이 번성하였다고 합니다. 이때 로마에 소문이 퍼졌는데, 유대인들이 로마를 정복할 것이라는 소문이었습니다. 이 소문을 들은 도미티아누스 황제는 유대인들을 다 잡아 죽이라고 명령을 내리게 됩니다. 이때 유대인 대표들이 찾아와 자기들의 결백을 주장하였고, 로마에 '나사렛 무리'가 있는데, 이들은 로마 황제가 아닌 예수를 왕으로 섬긴다고 이야기하였습니다. 이에 황제는 '나사렛 무리'라는 그리스도인들을 잡아 죽이라고 명령을 내렸다고 합니다. 이때 예수님의 마지막 남은 제자, 사도 요한도 붙잡혀서 밧모 섬까지 유배를 가게 됩니다.

도미티아누스 황제의 그리스도인 박해는 90년에서 96년까지 약 7년 정도 이어졌습니다. 참고로, 그리스도인 1차 박해는 64년에서 67년까지 약 3년 반 동안 있었던 네로 황제의 박해입니다.

❧ 사도 요한이 AD 90년대 에베소에 있었을 때 어떤 문제들이 있었는가?

① 아데미 여신을 섬기는 사람들의 핍박

② 유대인들의 핍박

③ 로마의 박해 : 버려진 아이들을 데려다가 성찬식 때 아이들의 살과 피를 먹는다, 혼음한다, 그리스도인들이 로마에 불을 질렀다 등의 소문에 의해 그리스도인들이 고통을 당하게 됩니다. 이러한 박해로 배교자가 늘어납니다.

④ 교회 안에 이단 사상과 거짓 교사들이 활동하면서 에베소 성도들은 서

로 손가락질하고 다툼을 일삼으면서 하나님 사랑과 형제 사랑의 모습을 상실하였습니다.

3
마케도니아에서의 사역

"소요가 그치매 바울이 제자들을 불러 권한 후에 작별하고 떠나 마게도냐로 가니라 그 지경으로 다녀가며 여러 말로 제자들에게 권하고……"(행 20:1-2).

바울은 마케도니아로 갈 때 드로아를 지나갔는데 이때 전도의 문이 열린 적이 있습니다. 그러나 디도를 만나지 못해 심령이 불편해서(고후 2:13) 전도하지 않고 곧장 마케도니아로 넘어갔습니다. 마케도니아에서 바울은 디도를 만났고, 고린도 교회 성도들의 회개 소식을 듣고 고린도후서를 써서 디도 편에 다시 고린도로 보냅니다. 고린도후서 안에는 예루살렘 교회 성도들을 위한 연보의 요청이 있는데, 고린도전서를 보내면서 연보를 요청했었습니다(고전 16:1-3). 이제 고린도 교회 성도들과의 문제가 해결되었기에 바울은 다시 연보를 요청하는데, 연보를 미리 준비하게 하려고 디도를 보내고 바울은 마케도니아에서 잠시 머무르게 됩니다(고후 9:5).

🌿 바울은 이때 무엇을 했을까?

① 로마서 15장 19절에 보면, 바울이 일루리곤까지 복음을 전했다고 합니다. 이 구절에 의하면, 바울은 고린도에서 로마 서신을 쓰기 전에 일루리곤에 가서 복음을 전했다는 것입니다. 그렇다면 언제 갈 수 있었을까요? 2차 선교여행 때에는 데살로니가와 베뢰아에서 문제가 있었기에 일루리곤에 갈 수 있는 시간적인 여유가 없으니 가능성이 없고, 결국 3차 선교여행의 끝부분인 마케도니아에서 디도를 다시 고린도에 보내고 난 뒤 일루리곤에 복음을 전했다고 할 수 있습니다.

② 일루리곤(Illyricum) : 라틴 이름으로, 아드리아 해의 동쪽 연안, 북쪽은 파노니아(Panonia), 남쪽은 마케도니아에 접하는 로마의 속도 일루지아(Illyrja)를 가리키는 공식명이었습니다. 후에 분할되어 북부는 리부르니아(Liburnia), 남부는 달마디아(Dalmatia)라고 불렸습니다. 그리고 이 달마디아가 공식명이 되었습니다. 지금은 크로아티아와 보스니아의 지역입니다. 참고로, 디도는 전도하기 위해 달마디아로 갔다고 합니다(딤후 4:10).

4
고린도에서의 3개월

"헬라에 이르러 거기 석 달을 있다가……"(행 20:2-3).

그 당시 헬라는 아가야 지방을 말합니다. 즉 아가야 지방의 고린도에 머물고 있던 디도와 함께 바울은 약 석 달을 머물렀습니다.

고린도에서의 바울은 약 3개월 동안 무엇을 했을까?

① 바울은 디도와 함께 지난번에 있었던 고린도 교회의 문제들을 잘 정리하였을 것입니다.

② 예루살렘 교회로 가져갈 연보(구제 헌금)를 정리했을 것입니다.

③ 선교의 일단락과 새 계획 : 예루살렘에서부터 일루리곤까지 두루 행하여 복음을 전했기에 일할 곳이 없으니(롬 15:19, 23) 새로운 지역, 즉 로마를 거쳐 세계의 끝이라는 스페인에 가려고 했을 것입니다(롬 15:23).

④ 로마의 성도들에게 서신을 보냅니다(로마 서신). 아직 로마에 가본 적이 없는 바울은 나중에 로마에서 서신을 읽은 성도들과 효과적인 대화를 하려고, 또한 만일 로마에 못 가게 된다면 적어도 로마 성도들에게 복음을 전달한 것이 되기 때문에 바울은 로마 성도들에게 서신을 보냅니다. 가능하면 스페인 선교를 위한 로마 성도들의 후원도 언급합니다(롬 15:24).

바울 일행은 배를 타고 수리아로 가고자 할 그때에 유대인들이 바울을 죽이려고 공모했다는 소식을 듣고 마케도니아를 거쳐 드로아로 배를 타고 가기로 합니다. 소바더, 아리스다고, 세군도, 가이오, 디모데, 두기고, 드로비모 등은 먼저 드로아로 건너가고 바울은 무교절 후에 빌립보에서 출발하여 배를 탔는데 이때 누가와 몇 사람이 동행했습니다.

5
드로아에서의 7일 집회

"무교절 후에 빌립보에서 배로 떠나 닷새 만에 드로아에 있는 그들에게 가서 이레를 머무니라……"(행 20:6-12).

바울은 지난번 에베소에서 데메드리오가 소동을 일으킨 이후 고린도 교회로 간 디도를 만나기 위해 마케도니아로 갈 때 드로아에서 전도의 문이 열렸지만 급히 작별을 하고 떠났었습니다. 그러나 지금 다시 드로아에 돌아온 바울은 지난번 일에 미안했는지 일주일 정도 머물면서 제자들과 함께 말씀을 나눕니다. 이들은 밤을 새워 날이 밝도록 이야기를 계속하였는데, 이때 말씀을 듣던 유두고라는 청년이 3층에서 떨어져 죽었지만 다시 살아나는 기적이 일어납니다.

6
앗소
(Assos, 오늘날 Behramkale)

"우리는 앞서 배를 타고 앗소에서 바울을 태우려고 그리로 행선하니 이는 자기가 도보로 가고자 하여 이렇게 정하여 준 것이라"(행 20:13).

아테나 신전을 중심으로 만들어졌던 앗소의 아크로폴리스

바울 일행이 배를 탔던 앗소의 항구

앗소(Assos)는 터키 서쪽 아드라미티움(Andramyttium) 만의 베람칼레(Behramkale)에 있던 항구도시입니다. BC 10세기부터 레스보스 섬에 있던 아이올리안들이 항구를 세우고 정착을 시작했고, BC 7세기가 되면서 아크로폴리스가 처음 세워집니다. 이후 리디아 왕국, 페르시아, 버가모 왕국 그리고 로마의 지배 아래 있었습니다.

바울은 드로아에서 약 40km 떨어져 있는 이곳 앗소까지 도보로 왔다가 앗소의 항구에서 배를 타고 미둘레네로 향하였습니다(행 20:13-14).

앗소의 유적들

① 고대 돌다리 : 드로아에서 앗소로 연결되어 있는 다리입니다. 바울은 이곳을 통하여 앗소의 아크로폴리스로 들어갔습니다.

② 아크로폴리스 : 성벽의 길이가 약 3km인 아크로폴리스가 해발 234m 높이에 세워져 있습니다. 아크로폴리스의 가장 높은 언덕에는 그리스인들이 섬겼던 도리아 식으로 세워진 아테나 신전이 있습니다. 기둥이 78개가 있는 아테나 신전은 BC 530년에 세워졌습니다. 신전의 남서쪽에 극장을 거쳐 항구로 내려가는 도로가 있는데, 일명, '바울의 도로' 라고 부릅니다. 바울은 이 도로를 통해 항구로 내려갔기 때문입니다.

③ 앗소 항구 : 아크로폴리스의 남쪽에 항구가 있습니다. 바울 일행은 이곳에서 배를 타고 미둘레네로 떠났습니다.

7
섬들 1
(미둘레네 섬, 기오 섬, 사모 섬)

1. 미둘레네 섬(Mytilene, 오늘날 Lesvos)

"바울이 앗소에서 우리를 만나니 우리가 배에 올리고 미둘레네에 가서"
(행 20:14).

미둘레네는 그리스에서 세 번째로 큰 섬, 레스보스(Lesvos)의 동쪽에 있는 중요한 항구 마을입니다. 고대 그리스의 여성 시인 사포가 이곳 미둘레네 출신으로 아이올리스 방언으로 작품활동을 했고, 레즈비언(Lesbian)이라는 말을 만들어내기도 했습니다. 당시 전쟁에 나간 남자들 대신 여자들만으로 아카데미를 운영해 학문적인 전통을 이어갔던 것에서 유래한 말입니다.

섬의 중심인 미둘레네에는 그녀의 상이 비파를 들고 천진난만하게 웃는 귀여운 소녀의 모습으로 서 있습니다. 이곳은 문화인의 섬으로 불릴 만큼 시와 음악, 학문에 재능이 있는 수많은 시인과 음악가, 학자를 배출했습니다.

한때 페르시아의 지배가 있었지만 출입이 불편한 섬이라는 특성으로 인해 많은 피해를 보지는 않았습니다. 마케도니아의 알렉산더 대왕, 이집트의 프톨레마이오스 왕조 그리고 셀레우코스 왕국의 통치를 차례로 받았고, BC 2세기 이후로 로마의 통치를 받으면서 미둘레네도 평화시대를 맞이하게 됩니다. AD 151-152년 지진으로 섬

전체가 파괴됐지만, 레스보스 섬의 여러 마을 중에 미둘레네는 꾸준히 발전하면서 미둘레네라는 마을 이름이 섬 전체의 이름으로 불리게 되었습니다.

바울 일행은 앗소에서 배를 타고 약 70km 떨어진 미둘레네 마을에 도착합니다. 그리스 전승에 의하면, 칼로니(Kalloni) 만 남쪽 바실리카(Vasilika)라는 마을의 해안에 배가 도착했다고 합니다. 바울 일행은 하룻밤을 지내고 다음 날 여행을 계속하였습니다. 나중에 바울을 기념하는 교회가 세워졌습니다(Maria Mavromataki, *Paul*).

2. 기오 섬(Chios Island)

"거기서 떠나 이튿날 기오 앞에 오고……"(행 20:15).

이 섬의 최초의 주민은 크레타인과 카리아인이었으나 이오니아인에게 정복이 되었습니다. 이오니아인들은 이곳을 가장 번창하는 섬으로 만들었습니다. 요세푸스의 기록에 의하면, 고스 섬에서 레스보스(성경의 미둘레네) 섬으로 가려던 헤롯 왕이 북풍으로 기오 섬에 밀려온 적이 있는데, 이때 도시를 재건할 자금을 지원해 주었다고 전해집니다. 바울 시대에 기오 섬은 아시아의 로마 영토 내에 있는 자유도시 중의 하나였고, 특산물로는 청색의 대리석이 유명한데 지금도 많은 양의 청색 대리석이 채굴되고 있습니다.

바울은 미둘레네로부터 남쪽으로 항해하여 밤새도록 기오 맞은편 본토에 의지하여 정박하였다가 다음 날 사모 섬으로 출발합니다. 다시 말하면, 항구에 배를 정박시키지 않고 아침에 바람이 불면 곧장 출발하려고 하였습니다. 아마도 오순절 안에 예루살렘에 도착하려는 마음이 있었던 것 같습니다.

3. 사모 섬(Samos Island)

"그 이튿날 사모에 들르고 또 그다음 날 밀레도에 이르니라"(행 20:15).

이 섬에는 두 개의 항구, 남쪽의 바티 항구와 북쪽의 피타고리온 항구가 있습니다. 이곳에 처음으로 정착한 사람들은 BC 11세기경의 이오니아인들입니다. 이들은 일찍부터 식민지를 이용한 통상 무역에 나섰고 BC 6세기에는 폴리크라테스(Polycrates)의 통치로 번영의 절정기를 이루었으며, 문학, 예술, 철학 등 다방면으로 훌륭한 인재들을 배출했습니다. 그들 중의 한 명이 수학의 아버지인 피타고라스(BC 580-500)입니다. 당시 건축한 제우스의 부인 헤라의 신전이 피타고리온 항구 근처에 세워졌습니다.

BC 5세기에 아덴과 동맹을 맺었으나 나중에 페르시아, 이집트, 버가모 왕국의 지배를 당하는 비운을 겪었습니다. 헬레니즘 시대에는 로도스 섬의 번영과 함께 쇠퇴하고, BC 133년 이후 로마의 통치 아래 있게 됩니다.

바울 일행은 사모 섬에서 하루를 지내고 그다음 날 밀레도로 출발합니다. 바울은 밀레도로 내려갈 때 에베소를 그냥 지나갑니다. 그 이유는 될 수 있는 대로 오순절 안에 예루살렘에 이르려고 하였기 때문입니다(행 20:16).

8
밀레도
(Miletus)

"바울이 밀레도에서 사람을 에베소로 보내어 교회 장로들을 청하니"(행 20:17).

밀레도(Miletus)는 메난더 강(Menander River)의 하구가 있는 라트모스(Latmos)만 남쪽에 돌출한 한 곳에 있는데, 이오니아의 가장 오래되고 가장 번성한 도시였습니다. 밀레도에는 네 개의 부두가 있었으며, 근해의 여러 섬들에 가려서 숨겨진 위치에 있었지만 교역에는 매우 유리한 입지조건과 상당한 수의 인구를 부양하기에 충분한 공급능력을 지니고 있었습니다.

BC 490년대에 페르시아에 대항하여 밀레도를 주축으로 이오니아인들이 폭동을 일으켰고, 라트모스 만에 있었던 라데 섬(Lade Island)의 해전에서 페르시아가 승리하면서 밀레도가 파괴됩니다. 이후 알렉산더 대왕과 로마의 통치를 받게 됩니다. 세월이 흘러 메난더 강에서 실려나오는 침적토 때문에 결국 밀레도는 폐허가 되었고, 현재 해안에서 내륙으로 8km 들어간 곳에 있습니다.

바울 당시 밀레도는 활기 있는 항구도시였습니다. 바울은 오순절 안에 예루살렘에 이르려고 발걸음을 재촉하지만 유대인의 간계와 시험 속에서도 눈물과 겸손함으로 가르치고 섬겼던 에베소를 잊지 못해 밀레도에서 사람을 보내 에베소의 장로들을 청했습니다. 그리고 그들에게 자기가 떠난 후에 흉악한 이리가 들어와 교회를

바울이 에베소의 장로들과 만났던 밀레도에 있는 폐허가 된 교회

해칠까 염려스러우니 잘 관리하라고 부탁합니다. 이때 에베소 장로들은 다시는 바울의 얼굴을 보지 못할 것이라는 말로 인해 함께 기도할 때 다 크게 울며 입을 맞추고 뜨거운 눈물로 석별의 정을 나누었습니다(행 20:17-38).

초대교회의 장로와 감독

사도행전 20장 17절을 보면 바울은 밀레도에서 에베소의 장로들을 부릅니다. 그런데 28절에 보면 장로들을 감독자라고도 부릅니다. 다시 말하면, 장로와 감독은 같은 의미로 사용되었습니다. 다만 두 명칭의 차이점은 장로가 나이나 위엄, 즉 지위에 강조점을 두고 있다면, 감독은 그 직분의 기능에 강조점을 두고 있다는 것입니다(딛 1:5-7).

밀레도에서의 고별 설교

바울의 수많은 설교들은 대부분 유대인들과 이방인들을 위한 것이었습니다. 전도의 목적으로 유대인의 회당에서 행한 설교들이었습니다. 하지만 밀레도의 설교만은 다릅니다. 이 설교의 대상은 이방인들이 아니고 에베소 교회의 장로들입니다. 정확히 말한다면 고별 설교가 아닌 바울 자신의 간증입니다. 그가 어떻게 교회를 섬겨 왔으며, 얼마나 하나님을 사랑했고, 얼마나 꺼리지 않고 하나님의 뜻을 전하였는지 구약의 에스겔 3장 1-21절을 인용하면서 간증하고 있습니다. 즉 맡겨진 사명을 감당하는 일에 최선을 다했기에 내 피가 깨끗하다고 합니다.

목회자는 직분적인 사도이고, 성도는 사명적인 사도이기에 우리 모두는 사도입니다. 사도가 전하지 않으면 악인은 죄악 중에 죽을 것이고, 악인에게 복음을 전하지 않은 사도에게 그 피 값을 물을 것이라는 에스겔의 말씀을 생각하면서, '나의 피는 얼마만큼 깨끗한가? 나에게 맡겨진 사명을 얼마만큼 최선을 다해 수행하고 있는가?' 스스로 돌아보면 좋겠습니다.

9
섬들 2
(고스 섬, 로도 섬)

1. 고스 섬(Cos Island)

"우리가 저희를 작별하고 행선하여 바로 고스로 가서"(행 21:1).

고스는 밀레도 항구에서 남쪽으로 68km 거리에 있는 비옥한 에게 해의 작은 섬으로, 아시아 내륙에서 온 카리아인들, 그레데 섬의 미노아인들, BC 14세기에는 미케네인들 그리고 트로이 전쟁 이후에는 도리아인들이 들어와 살게 됩니다. BC 5세기 한때 페르시아인들이 점령했지만, 그리스에 패하자 고스는 아테네 동맹의 회원이 되어 이때부터 발전을 하게 됩니다.

특히 BC 460년에 의학의 아버지라 불리는 히포크라테스(Hippocrates)가 이곳에서 태어납니다. 그는 의학을 마술과 종교에서 분리시켰습니다. 그가 죽은 뒤 고스 사람들은 의학의 신 아스클레피우스(Asclepius)를 기념하여 아스클레페이온(Asclepeion, 병원)을 세웠는데, 지중해의 여러 곳에서 많은 환자들이 몰려왔으며, 히포크라테스가 가르친 테라피 방법을 치료에 적용하였습니다.

지중해성 기후를 가진 이곳에서 옛날에는 고운 직물과 포도주가 명물이었으나 오늘날에는 어업은 물론 감귤류, 포도와 채소류가 많이 생산되고 있습니다. 특히 작은 섬임에도 불구하고 구리와 철 등의 광산물도 많이 나오고 있습니다.

바울 일행은 밀레도를 출발, 고스에 도착하여 하루를 지낸 후 로도 섬으로 출발했습니다. 이곳 전승에 의하면 히포크라테스가 플라타너스 나무 밑에서 학생들을 가르쳤던 장소가 있는데 바울도 그곳에서 복음을 전했다고 합니다.

아스클레페이온(Asclepeion)

BC 700년경부터 그리스의 남부 에피다우루스(Epidaurus)에서 아스클레피우스가 의학의 신으로 숭배되기 시작했고, BC 6세기에는 신전을 중심으로 하는 아스클레페이온(병원)이 세워졌습니다. 깨끗한 물을 마시고 목욕하는 것이 매우 중요한 치료 방법 중 하나였기 때문에 병원의 한가운데는 맑은 물이 흐르는 분수대와 저수장이 있었습니다. 피부병의 경우 진흙 마사지를 받게 했고, 태양별 아래 맨발로 걷는 것도 중요한 치료 방법 중 하나였습니다.

음식요법으로는 포도주나 기타 자극적인 음식을 피하게 하고, 경우에 따라서는 금식을 했습니다. 증상에 따라 필요한 약재가 동원되었고 간단한 수술이 시행되기도 했습니다. 한밤중에는 신전의 제사장이 하인들을 거느리고 환자들의 병상을 방문하여 상태를 확인하고 처방을 내렸습니다.

병원에서 가장 중시하는 치료법은 신에 대한 믿음이었습니다. 아스클레페이온은 세 곳에 있었습니다. 오늘날 그리스의 에피다우루스와 고스, 터키의 버가모입니다.

2. 로도 섬(Rhodes Island)

"이튿날 로도에 이르러……"(행 21:1).

1) 로도의 역사

로도는 고스 섬에서 남쪽으로 약 85km 떨어져 있는 지중해의 작은 섬입니다. BC 16세기에 미노아 사람들, BC 15세기에는 아카야 사람들이 들어와 정착을 했습니다. 이 섬이 번창한 것은 BC 11세기 도리아인들이 오면서부터입니다. 한때 페르시아의 지배를 받았고 마케도니아의 왕 데메트리아스(Demetrias)가 로도 섬을 점령하기 위해 1년 동안 공략했으나 결국 포기하고 성을 포위하던 기구들을 두고 철수했습니다.

로도인들은 그 포위 기구들을 300달란트에 팔아서 데메트리아스를 이긴 것을 축하하기 위해 태양신 헬리오스의 동상(Bronze

Statue of Helios or Colossus of Rhodes)을 만드는 데 사용했습니다. 이 동상은 BC 304-BC 284년 사이 12년에 걸쳐 만들어진 세계 7대 불가사의 중의 하나였습니다. 그러나 BC 225년에 지진으로 파괴되고 지금은 흔적도 찾아볼 수 없게 되었습니다.

2) 로도에서의 바울

바울 일행은 헬리오스의 동상이 있었던 로도 섬을 방문하게 됩니다. 그런데 바울의 로도 섬 방문에 대해서 두 가지 전승이 있습니다.

첫째, 로도 섬의 수도인 현재 항구 부근으로 바울 일행이 상륙했다고 합니다. 이후 바울의 상륙을 기념하기 위해 헬리오스의 동상이 서 있던 자리에 '사도 바울의 문'을 세웠다고 합니다.

둘째, 로도 섬의 남동쪽에 있는 린도스(Lindos)로 상륙했다고 합니다. 린도스의 고대 아크로폴리스 밑에는 사도 바울의 도착을 기념하여 '사도 바울의 항구'라고 불리는 작은 항구가 있고, 남쪽에 사도 바울 기념 교회가 세워져 있습니다.

그리스 전승에 의하면, 바울이 로도 섬을 떠나기 전 초대교회 일곱 집사 중 하나인 브로고로(Prochorus)를 감독으로 임명했다고 합니다. 또한 바나바는 구브로를 위해, 디도는 그레데를 위해 파송되었듯이 실라도 일시 로도 섬에 와서 중풍병자를 고치고 예수 그리스도의 이름을 전파했습니다. 특별히 로도 시내에서 남서쪽으로 약 24km 떨어진 소로니(Soroni) 마을 사람들이 예수님을 구주로 받아들였고 실라를 기념해서 교회를 세웠다고 합니다.

10
바다라
(Patara)

"거기서부터 바다라로 가서 베니게로 건너가는 배를 만나서 타고 가다가"
(행 21:1-2).

    바다라는 로도에서 약 85km 떨어져 있고, 내륙으로는 리키아(Lycia) 지방 남서쪽에 있는 산토스(Xanthos) 시의 항구도시였습니다. 바다라의 역사는 그레데 섬에서 들어온 도리아인들에서 시작합니다. 도리아인들은 이곳에 정착을 하고 신전들을 세웠습니다. 특별한 것은 이곳에 그리스의 델피 다음으로 태양신 아폴로의 신탁이 있었다고 합니다. 아폴로는 겨울 6개월 동안 이곳에 거하면서 신탁을 주었기 때문에 이 기간에 많은 사람들이 신탁을 듣기 위해 몰려들었다고 합니다. 아폴로는 나머지 1년 중 6개월은 그리스의 델피에 거주했다고 합니다. 헬레니즘 시대에는 해군 기지 역할을 하면서 발전을 했지만 모래에 의해 도시가 매몰되어 항구 역할을 못하게 되었고 유적들은 파묻히게 되었습니다.
    바울 일행은 베니게(페니키아)로 건너가는 배를 타기 위해 이곳에서 잠시 머물렀습니다.

11
지중해 해안 도시
(두로, 돌레마이, 가이사랴)

1. 두로(Tyre, 오늘날 Sur)

"구브로를 바라보고 이를 왼편에 두고 수리아로 행선하여 두로에서 상륙하니 거기서 배가 짐을 풀려 함이러라 제자들을 찾아 거기서 이레를 머물더니 그 제자들이 성령의 감동으로 바울더러 예루살렘에 들어가지 말라 하더라 이 여러 날을 지난 후 우리가 떠나갈새 저희가 다 그 처자와 함께 성문 밖까지 전송하거늘 우리가 바닷가에서 무릎을 꿇어 기도하고 서로 작별한 후 우리는 배에 오르고 저희는 집으로 돌아가니라"(행 21:3-6).

1) 두로의 역사

두로(Tyre)는 예루살렘에서 서북쪽으로 약 226km, 악고에서 북쪽으로 약 45km, 레바논의 시돈에서는 남쪽으로 약 40km 떨어진 고대 가나안의 항구도시였습니다.

에블라 문서에 보면 BC 3000년에 사람이 살았다고 하고, 이집트와 헷 족속 문헌에도 기록이 있습니다. 두로는 히람 왕이 다윗과 솔로몬과 관계를 잘 맺으면서 최고의 번영을 누리게 됩니다. 두로는 뛰어난 공예술과 원양 항해술을 이용하여 자주색 물감뿐만 아니라 백향목과 잣나무 등을 애굽에서 스페인까지 수출하였으며, 특별히 카르타고, 말타, 스페인 등에 식민지를 개척하면서 지중해 상권을 장악하였습니다.

히람 왕 이전까지는 두 개의 섬으로서 큰 섬은 거주지였고, 작은 섬에는 바알 신전이 있었으나 히람 왕이 매립하여 둘레가 약 4km가 되는 하나의 섬이 되었습니다. 이 섬은 육지에서 약 600-750m 떨어져 있었습니다.

이세벨의 아버지인 시돈 왕 엣바알 시대에 두로와 시돈은 한 나라가 되어 두로는 두 번째 전성기가 되었습니다. 엣바알 때에 두로 섬에는 두 개의 항구가 있었는데 긴 방파제를 세운 북쪽 항구를 시돈 항구, 인공으로 만든 남쪽 항구를 이집트 항구라고 불렀습니다.

히람 왕 이후로 두로는 무역과 상업의 중심지였고, 동서 문화의 교차로 역할을 하면서 점점 견고한 해상 요새로 탈바꿈하였습니다. 그러나 정치적, 지리적 그리고 상업적인 조건 때문에 외부의 침략을 많이 받았습니다. 특별히 앗수르의 산헤립 왕이 두로를 공격했을 때, 두로는 5년간을 버티다 항복을 합니다. 또 바벨론의 느부갓네살이 쳐들어왔을 때에도 두로는 약 13년간을 저항하다 항복을 합니다.

알렉산더 대왕은 동방 원정 때 두로의 저항을 받아 7개월 동안 싸우게 됩니다. 알렉산더 대왕은 육지에서 길이 800m, 폭 60m의 둑길을 쌓아 섬을 육지로 만들어 두로를 점령하였습니다. 그리고 1만 명의 주민을 처형하고, 3만 명의 주민을 노예로 만들어 버렸습니다. 이 전쟁을 통해 두로는 더 이상 섬의 개념은 없어지고 육지와 연결된 도시가 되었습니다.

BC 64년, 폼페이우스가 두로를 정복한 이후 로마식 도시가 건설되고, 무역과 교통의 중심지로서 계속해서 번영을 누리게 됩니다.

2) 두로에서의 바울

바울은 이곳에서 7일 동안 머물면서 제자들과 교제를 합니다. 바울은 전에 예루살렘 종교회의를 위해 수리아 안디옥에서 예루살렘으로 갈 때 두로와 시돈의 베니게 지방을 들른 적(행 15:3)이 있어서 두로의 성도들을 잘 알고 있었을 것입니다. 7일 후 바울은 제자들과 함께 바닷가에서 무릎을 꿇고 기도하고 제자들의 만류에도 불구하고 작별한 뒤 길을 나섭니다.

3) 두로의 유적들

① 고대 유적과 항구
구 시가지의 남쪽에 고대 유적과 고대 항구였던 이집트 항구가 폐허로 남아 있습니다.

② 로마와 비잔틴 유적들
구 시가지의 동쪽에 AD 2-6세기에 지어진 하드리안 장군의 개선문, 다량의 석관이 있는 공동묘지, 길이 480m, 너비 260m의 히포드림, 물을 공급하는 수로 등이 폐허로 남아 있습니다.

③ 히람 왕 무덤(Tomb of Hiram)
히람은 다윗과 솔로몬 시대의 두로 왕으로 이스라엘과 좋은 관계를 맺으면서 두로의 번영을 이루었던 왕입니다. 두로의 동쪽으로

약 6km 떨어진 길가에 석회암으로 된 석관이 있습니다. 이것을 히람의 무덤으로 추정하고 있습니다.

2. 돌레마이(Ptolemais, 구약에서 Akko, 오늘날 Akka 또는 Haifa)

"두로로부터 수로를 다 행하여 돌레마이에 이르러 형제들에게 안부를 묻고 그들과 함께 하루를 있다가 이튿날 떠나……"(행 21:7-8).

지중해 연안의 가나안 성읍으로 악고(Akko)라 불렸습니다. 주위의 비옥한 평야에서 생산된 밀과 보리를 수백 척의 배들을 통하여 이곳에서 수출하였습니다. 헬레니즘 시대 때 프톨레마이오스 2세(BC 285-246)의 이름을 따라 악고가 돌레마이로 개명되었으나, 로마 이후에 이름이 바뀌어 지금까지 아크레(Acre) 또는 악고(Akko)로 남아 있습니다.

바울은 돌레마이에서 하루를 머물고 육로로 가이사랴를 거쳐 예루살렘으로 올라갑니다.

3. 가이사랴(Caesarea)

"이튿날 떠나 가이사랴에 이르러 일곱 집사 중 하나인 전도자 빌립의 집에 들어가서 유하니라……"(행 21:8-16).

1) 가이사랴의 역사
BC 4세기에 시돈의 통치자였던 스트라톤(Straton)이 처음 도시를 세웠습니다. 후에 로마에 점령당했고, 로마의 황제 아우구스투스는 이곳을 헤롯 대왕(BC 37-4년)에게 주었습니다. 헤롯 대왕은 아우구스투스를 기념하여 가이사랴(가이사의 마을이라는 뜻)라고 성읍의 이름을 고치고, 12년간에 걸쳐 대대적인 개수공사를 실시하여 BC 13년 쯤 훌륭한 항구도시로 만들었습니다.

가이사랴에 아주 큰 항구도시가 세워진 이유는 첫째, 헤롯 대왕 자신이 이스라엘의 위대한 통치자임을 대내외에 과시하기 위해서이고, 둘째, 이스라엘 북쪽 도르(Dor)와 욥바(Jaffa) 사이에 좋은 항구가 없었기 때문이었습니다. 페니키아에서 이집트로 항해하려면 북풍이 불어도 피할 항구가 없기 때문에 폭풍 속을 그대로 항해해야만 했습니다. 이스라엘의 해안은 남풍이 심하게 부는 지역이므로 항해 중에 폭풍을 피할 항구가 필요했습니다.

이후 가이사랴는 교통의 요충이 되어 정치적, 군사적으로 예루살렘을 제압하였고, 헤롯 대왕의 아들 아켈라오(Archelaus)가 AD 6년 왕위를 빼앗긴 후 로마 총독과 그의 군대가 이곳에 주둔했습니다.

2) 가이사랴에서의 바울

바울은 전에도 이곳에 왔었습니다. 즉 예루살렘에서 고향 다소로 돌아갈 때(행 9:30), 2차 선교여행을 마치고(행 18:22) 예루살렘으로 올라갈 때 이곳을 지났습니다.

바울이 3차 선교여행을 마치고 예루살렘으로 올라갈 때도 잠시 가이사랴에 머물게 됩니다.

바울은 딸 넷이 있는 빌립 집사의 집에 머무릅니다(행 21:8-9). 이때 유대로부터 내려온 선지자 아가보(Agabus)가 바울의 띠를 가져다가 자기 수족을 잡아매고 이 띠의 임자가 예루살렘에서 이방인에게 넘겨질 것을 예언합니다(행 21:10-11). 그러나 바울은 주 예수의 이름을 위하여 죽을 각오를 했다고 합니다.

바울은 가이사랴의 몇 제자와 함께 예루살렘으로 올라갑니다. 특히 구브로 사람 나손(Mnason)을 데리고 가는데, 이는 나손의 집에서 유하려고 하였기 때문입니다(행 21:16).

초대교회 일곱 집사 중 한 사람인 빌립(Philip)

① 빌립은 사마리아 전도의 선구자적 역할을 했습니다. 스데반의 순교 후 예루살렘 박해가 시작되었을 때(행 8:1) 사마리아로 내려가 복음을 전했고, 이때 이적과 표적이 나타나 마술사 시몬이 세례를 받고 베드로와 요한이 예루살렘에서 내려와 사마리아 사람들을 안수하니 모두 성령을 받았습니다.

② 에디오피아 내시와 만납니다. 에디오피아 여왕 간다게의 국고를 맡은 내시가 병거를 타고 가면서 이사야 53장을 읽고 있었고, 그 뜻을 몰라 답답해하고 있을 때 빌립을 만나 설명을 듣고 세례를 받았습니다(행 8:38).

③ 가이사랴 정착 : 내시와 헤어지고, 아소도(구약의 아스돗, 삼상 5:3)와 여러 곳을 전도하다가 가이사랴에 정착하게 되었습니다(행 8:40).

④ 바울의 방문 : 20여 년의 세월이 흐른 다음 빌립은 바울의 방문을 받게 됩니다(행 21:8).

바울은 왜 나손의 집에 유하려고 했을까?

① 예루살렘 교인들이 이방인을 좋아하지 않았거나
② 예루살렘 교회가 가난하여 큰 무리를 영접할 여유가 없었거나, 다시 말해 나손을 같이 보낸 것을 보면 가이사랴 교인들과 예루살렘 교인들의 관계가 좋지 않았을 거라고 생각됩니다.

12
예루살렘에 도착하기 전까지
급했던 바울의 여정 요약

바울은 오순절 안에 예루살렘에 도착하려고 급하게 달려왔습니다. 무교절부터 오순절까지는 7주인데, 바울은 무교절 후 빌립보를 출발하여(행 20:6),

① 빌립보에서 드로아까지 5일 걸렸습니다.
② 드로아에서 일주일간 말씀을 증거했습니다.
③ 드로아에서 바다라까지 약 일주일 걸렸습니다.
④ 바다라에서 두로까지 약 5일 걸렸습니다.
⑤ 두로에서 일주일 체류했습니다.
⑥ 가이사랴에서 여러 날(일주일 정도) 머물고, 약 100km 거리의 예루살렘으로 올라왔습니다.

무교절에서 오순절까지는 7주인데, 바울은 무교절 후 빌립보에서 출발하여 오순절이 되기 약 일주일 전 예루살렘에 도착하였습니다(행 20:16). 오순절은 원래 첫 열매를 드리는 농경 절기이므로 이방인 교회의 연보(구제 헌금)와 대표단으로 상징되는 이방인 선교의 첫 열매를 가지고 오순절에 예루살렘에 와서 하나님께 감사 예물을 드린다는 것은 큰 감회를 불러일으켰을 것입니다.

제7장

예루살렘에서의 바울

예수님을 위해 죽기를 각오한 바울은 예루살렘에 도착한 후 모든 일을 성령의 인도하심에 맡기게 됩니다. 죽어도 주님을 위해 죽고, 살아도 주님을 위해 살려는 바울의 강한 신앙을 엿볼 수 있습니다.

바울이 체포된 예루살렘의 성전과 안토니오 요새

1
예루살렘 교회의 환영과 조언

바울은 예루살렘 교회 성도들의 영접을 받고 그 이튿날 야고보와 장로들이 모인 자리에서 선교보고를 합니다. 이때 연보(구제헌금)를 전달했을 것입니다. 바울의 보고를 들은 성도들은 기뻐하며 하나님께 영광을 돌렸습니다(행 21:17-20).

야고보와 장로들은 예루살렘의 상황을 바울에게 설명합니다. 즉 예수를 믿지 않는 수만 명의 유대인들은, 바울이 이방에 있는 유대인들에게 모세를 배반(무시)하고, 할례를 하지 말고, 또한 규모(풍속)를 지키지 말라고 한다는 소문을 들었기에 바울에 대한 감정이 좋지 않다는 것이었습니다(행 21:21). 야고보와 장로들은 바울에게 율법을 어기는 사람이 아니라는 것을 온 천하에 밝혀 증명하자며 한 가지 방법을 제안합니다.

야고보와 장로들의 제안은 이렇습니다.

당시 예루살렘 성도들 중에 나실인 서원을 한 네 사람이 있었는데 그들이 결례를 행하려면 7일이 소요되며 제물을 드리려면 경비가 필요했습니다. 즉 그들과 함께 결례를 행하고 그들을 위하여 비용을 지불하라는 것이었습니다. 헤롯 아그립바 1세도 유대인의 호감을 사고 자기의 경건을 나타내기 위해 나실인의 경비를 종종 충당해준 사실이 있었습니다. 서원한 사람들은 한 달이 지나 머리를 깎고 하나님께 제사드리고 그 머리를 불에 태우면 서원 기간을 마치게 됩니다(행 21:24).

2
유대인들의 소동과 체포되는 바울

1. 유대인들의 소동

결례의식이 끝날 무렵 아시아로부터 온 유대인들이 바울을 보고 소동을 일으켰습니다. 소동의 원인은 다음과 같습니다.

첫째, 바울이 유대인을 훼방하였다.

둘째, 율법을 훼방하였다.

셋째, 성전을 훼방하였다.

넷째, 헬라인을 데리고 성전에 들어가서 거룩한 곳을 더럽혔다는 것입니다(행 21:28).

유대인들은 헬라인 드로비모가 바울과 함께 성내에 있는 것을 보고 바울이 저를 성전에 데리고 들어간 줄로 착각하고 더욱 흥분하여 소동을 일으켰습니다.

2. 체포되는 바울

성전의 북서쪽에 있는 안토니오 요새(Antonio Fortress)에서 오순절 예루살렘에 모여든 유대 백성들을 감시하던 병사가 소동을 포착하여 상관에게 보고를 했습니다. 천부장 글라우디오 루시아(Claudius Lysia, 행 23:26)는 백부장들을 거느리고 내려가서 죽을 위기에 있던 바울을 잡아 쇠사슬로 결박하여 요새로 데려가려고 하였습니다.

이때 천부장 루시아는 잠시 바울을 애굽인 가짜 선지자로 생각했습니다. AD 54년 광야에서 4천 명을 거느리고 감람산에 와 자기의 명령 아래 예루살렘의 로마 진영이 무너지면 온 무리가 입성하여 새 시대를 연다고 호언장담하다가 많은 희생을 내고(벨릭스 총독이 진압함) 광야로 도주하였던 이집트인이 다시 등장하자, 유대인들이 그에게 분풀이하는 것으로 생각하였습니다.

그때 바울은 자신을 스스로 변호하게 해줄 수 있는지를 헬라어로 물었고, 놀란 천부장은 바울에게 출신을 물었습니다. 바울은 "나는 유대인이라 소읍이 아닌 길리기아 다소 성의 시민이니 청컨대 백성에게 말하기를 허락하라"(행 21:39)고 대답합니다.

3
층계 위에서의 바울의 변론

바울은 안토니오 요새로 올라가는 층계 위에서 유대인들을 향하여 히브리 방언으로 자신의 과거, 회심 그리고 이방인 선교에 대한 이야기를 하였습니다(행 22:3-21). 이 말을 듣고 흥분한 유대인들을 피해 천부장 루시아는 고문을 통하여 바울이 어떤 죄를 범하였는지 자백을 들으려고 하였습니다. 그러자 바울은 로마 시민을 죄도 확인하지 않고 채찍질할 수 없다고 항의하였고, 돈을 주고 로마 시민권을 샀던 천부장 루시아는 바울이 나면서부터 로마 시민권자라는 소리를 듣고 매우 당황해하였습니다.

바울이 체포되고 그 이튿날 천부장 루시아는 무슨 일로 유대인들이 바울을 죽이려고 덤벼들었는지 알아보려고 결박을 풀고 제사장과 온 공회(산헤드린)를 소집하였습니다(행 22:30).

히브리 방언

구약성경 당시의 히브리어가 아니라 이스라엘이 포로기 이후에 사용한 아람어화된 히브리어를 지칭합니다. 당시 이 아람어가 팔레스틴 유대인들의 상용어였기에 이 언어로 말한 것은 원활한 의사 소통을 위함이었습니다.

4 공회 앞에 선 바울

바울이 먼저 "여러분 형제들아, 오늘날까지 내가 범사에 양심을 따라 하나님을 섬겼노라"고 변론하자(행 23:1) 난폭한 성격의 소유자였던 대제사장 아나니아는 곁에 있던 사람들에게 바울의 입을 치라고 합니다. 바울의 한마디 말에 시비를 따져 보지도 않고 즉각적으로 바울의 입을 치라 명하는 아나니아의 행위는 그의 성격이 얼마나 잔인한지를 보여주고 있습니다.

대제사장 아나니아(Ananiah)

아나니아는 AD 47-58년 대제사장으로 군림한, 잔인하고 탐욕적이며 권모술수에 능한 자로 알려져 있습니다. 또한 친로마 정책을 펼치면서 유대인 국수주의자들로부터 많은 미움을 받았습니다. 요세푸스에 의하면, 그는 제사장들로부터 십분의 일 세금을 걷어 재산을 축적했고 로마 고관들에게는 아낌없이 뇌물을 바쳤다고 합니다.

바울은 자기의 입을 치라고 명령한 사람이 율법을 거역하였다고 책망했는데, 그 사람이 대제사장 아나니아였습니다. 바울은 그가 대제사장인 줄 몰랐다고 사과를 합니다(행 23:5).

바울은 왜 그가 대제사장인지 몰랐을까?

첫째, 공회에서는 대제사장이 사회를 보는데, 바울은 정말로 말한 사람이 누구인지 몰랐을 것입니다.

둘째, 바울은 시력이 나빠서 가까이 있는 사람을 식별하지 못하였을 것입니다.

셋째, 천부장이 비공식 회의를 부랴부랴 소집하였으므로 의복이나 좌석이 제대로 정돈되지 않아서 대제사장을 알아보지 못하였을 것입니다.

넷째, 바울 생각에는 유대교의 최고 종교 지도자인 대제사장이 감히 그와 같은 불법적인 말을 할 수 없다고 생각하였을 것입니다.

바울은 공회 앞에서 심문받게 된 근본 원인은 죽은 자의 부활을 믿는 소망 때문이라고 했습니다. 이 말을 들은 바리새인과 사두개인 사이에 다툼이 생겼고 결국 율법을 어겼다고 체포된 바울에게서 율법을 어긴 죄를 찾지 못하여 무죄 판결을 내리고(행 23:9), 바울은 다시 요새에 감금됩니다.

사두개인은 부활, 천사, 영이 없다고 주장하는 데 반해 바리새인은 부활, 천사, 영이 있다고 합니다.

천부장 루시아가 유대인들이 바울을 죽이려고 덤벼드는 이유를 발견하지 못하고 망설이고 있을 때, 바울을 암살하려는 음모가 있다는 정보를 듣고, 유대의 총독 벨릭스(Antonius Felix, AD 52-58)가 살고 있는 가이사랴로 바울을 보냅니다. 가이사랴는 원래 이방인의 도시여서 유대인들이 함부로 난동을 부릴 수 없는 곳이었으며, 총독의 소재지로서 치안이 잘되어 있었습니다.

유대 총독

BC 4년에 헤롯 대왕이 죽고 유대와 사마리아를 아들 아켈라오(Archelaus)가 다스렸는데 불의하고 무능하였기에 AD 6년 아우구스투스 황제가 그를 파면하고 로마 황제가 직접 임명하는 총독이 유대를 다스리게 되었습니다. 총독은 가이사랴에 머물렀습니다.

제8장
가이사랴에서의 바울

바울은 지금까지 한 번도 쉬어 본 적이 없을 정도로 복음을 위하여 오로지 전진만 해왔습니다. 이제 고소를 당한 상황이지만, 약 2년 동안 가이사랴에 구금되어 개인적인 시간을 갖게 됩니다.

바울이 가이사랴에 구금되었을 때 총독과 만남을 가졌던 장소

1
총독 벨릭스와 바울

1. 대제사장의 고소

대제사장이 바울을 고소합니다. 닷새 후에 예루살렘에서 대제사장 아나니아가 장로들, 전문 변호사로 보이는 더둘로(Tertullus)와 함께 가이사랴에 내려와 바울을 고소합니다. 고소 내용은 다음과 같습니다.

첫째, 유대인들을 소요케 하는 염병을 천하에 퍼지게 했다(행 24:5).
둘째, 나사렛 이단의 괴수다(행 24:5).
셋째, 성전을 더럽게 했다(행 24:6).

2. 바울의 변론

세 가지 고소 내용을 두 부분으로 나누어 반박합니다.

첫째, 오순절을 맞이하여 예배하러 왔고, 반대할 사건이 있으면 말하라(행 24:11, 19-20)는 것입니다.

둘째, 이단이 아니고 유대인들의 기록과 같다는 것입니다. 즉 구약성경의 예언이 예수 그리스도에게서 성취되었고, 예수의 부활 때 하나님 앞에서 심판받게 된다고 주장합니다(행 24:14-15).

바울의 체포와 고소가 종교 문제라는 것을 잘 알고 있던 총독 벨릭스는 유대인들의 환심을 사려고 2년 동안 바울을 가이사랴에 구류하였습니다. 동시에 돈을 받을까 하고 바울을 종종 불러 같이 이야기하였습니다.

총독 벨릭스(Antonius Felix)

원래는 노예 출신이었으나 자유인이 되어 AD 52-58년 유대 총독으로 일했습니다. 바울에게 돈을 받을까(행 24:26) 할 정도로 매우 간교하고 탐욕스러운 관리로 전해집니다.

2 총독 베스도와 바울

베스도는 총독으로 부임하자마자 3일 만에 예루살렘에 올라가 8일 내지 10일간 머무르면서 유대인 지도자들도 만나고 현안을 협의하였습니다. 이때 바울의 고소 사건을 듣게 됩니다.

베스도는 유대인들의 마음을 얻고자 하여 가이사랴에서 재판을 열고 예루살렘에서 심문을 받을 것을 바울에게 요청하는데, 이때 바울은 로마의 가이사 앞에서 심문 받을 것을 요청합니다. 이에 베스도도 바울의 요청을 받아들입니다.

베스도는 이 문제가 로마법에 따른 악행은 전혀 없고, 유대인들 사이에 있는 종교 문제인 것을 파악했습니다. 종교 문제에 대하여 어떻게 가이사에게 상소할까 염려하던 차에 새로 부임한 총독 베스도에게 문안하려고 아그립바 2세와 버니게가 가이사랴에 도착합니다(행 25:13).

총독 베스도(Porcius Festus)

베스도는 AD 59-62년 벨릭스의 후임 총독으로 있었습니다. 그는 선량한 성격이었으나 성질이 급하고 생각이 깊지 못하였습니다. 주로 벨릭스의 잘못된 통치 때문에 여러 가지 곤란이 생긴 직무를 맡았습니다. 그리고 바울과 관련해서 급한 성질 때문에 겨울철이 곧 닥쳐오는데도 죄수들을 이동시켰습니다.

3
아그립바 2세 앞에 선 바울

아그립바 2세는 베스도 총독으로부터 바울의 구류 사건에 대한 경위와 황제에게 상소한 사실을 듣고 바울을 만나 기독교에 대하여 이야기를 듣고 싶어 합니다(행 25:22). 사실, 아그립바 2세는 아버지 아그립바 1세와 기독교의 관계를 어느 정도 알고 있었습니다.

즉 아버지인 아그립바 1세(Herod Agrippa 1)는 요한의 형제 야고보를 죽이고(행 12:1-2) 베드로를 옥에 가두기도 했으며(행 12:4-5), 그는 유대인의 비위를 맞추는 데 아주 명수였습니다. 그래서 정치적인 곡예를 잘하다가 백성들이 그를 신으로 열렬히 환호하는 소리가 날 때 하나님의 사자가 그를 치게 되었는데, 그래도 그가 영광을 하나님께 돌리지 않고 있다가 결국은 충이 먹어 죽었다고 기록하고 있습니다(행 12:20-23).

바울은 이튿날 아그립바 2세 왕 앞에서 자신을 변호합니다. 복음 전파는 하나님의 명령에 대한 순종이고, 유대인에게서 시작되었다고 강조하는 바울의 변론에 대해 아그립바 2세나 베스도 총독이나 버니게와 다른 고관들은 바울에 대하여 '사형이나 결박을 당할 만한 행사가 없다'(행 26:31)며 무죄를 인정합니다. 다만 황제에게 상소하였으므로 로마에 이송하여 가이사에게 재판받게 될 것이라고 하였습니다.

아그립바 2세(Herod Agrippa 2)

야고보를 처형하고 베드로를 감금했던 아그립바 1세의 아들로, 유대를 직접 통치하지는 않았으나 성전의 후견인으로 임명되었으며, 대제사장의 임명과 파면권, 그리고 성전 보고와 제사장의 예복을 관리하는 권한도 부여받았습니다. AD 70년 예루살렘이 파괴된 후 로마로 가서 행정관으로 임명되어 살았고, AD 100년 자녀없이 죽으면서 헤롯 왕가의 마지막 왕이 되었습니다.

버니게(Bernice)

아그립바 2세의 한 살 아래 동생으로 드루실라와 친형제지간이 됩니다. 버니게는 아그립바 1세의 동생이며 팔레스틴 북부의 칼키스(Chalcis, 현재의 레바논)의 왕이었던 헤롯과 결혼을 했습니다. 즉 삼촌과 결혼을 했고 나중에 친정으로 돌아와 오빠인 아그립바 2세와 같이 살다가 AD 75년 로마의 황제 베스파시아누스의 큰아들 티투스와 결혼을 하려고 했으나 로마 원로원의 반대로 성사되지 못했습니다.

가이사랴의 유적들

① 가이사랴 항구 : 바울은 지금 폐허로 남아 있는 이곳에서 배를 타고 로마로 향하게 됩니다.

② 헤롯 궁전 : 헤롯 대왕은 BC 13년, 가이사랴를 훌륭한 항구도시로 만들고 해안 근처에 궁전을 세웠습니다.

③ 바울의 홀 : 바울이 약 2년 동안 가이사랴에 구류되었을 때 총독과 만남을 가졌던 장소입니다.

제9장
로마를 향하여

"우리의 배 타고 이달리야로 갈 일이 작정되매 바울과 다른 죄수 몇 사람을 아구사도 대의 백부장 율리오란 사람에게 맡기니 아시아 해변 각처로 가려 하는 아드라뭇데노 배에 우리가 올라 행선할새 마게도냐의 데살로니가 사람 아리스다고도 함께 하니라"(행 27:1-2).

바울이 알렉산드리아 배로 옮겨탄 무라의 항구

1
백부장 율리오의 호의

백부장 율리오는 모든 죄수들을 아드라뭇데노 배에 승선시켜 초가을에 가이사랴를 출발하게 됩니다. 배에는 누가와 아리스다고가 동행합니다(행 27:2). 아리스다고는 바울과 예루살렘에 같이 올라온 동역자들 가운데 한 명입니다. 나머지는 각기 자기 고향이나 교회로 되돌아간 듯합니다.

아드라뭇데노(Adramyttium) 배

아드라뭇데노는 현재 터키의 에드레밋(Edremit), 즉 소아시아의 서북부에 위치한 무시아 지방의 옛 항구도시였습니다. 이 항구도시의 배는 작은 상선으로 소아시아의 여러 항구들을 거쳐 겨울 이전에 자기 모항에 입항하려고 항해 중이었던 것 같습니다.

아구사도대의 백부장 율리오(Julius)

아구사도대(Imperial Regiment)는 로마 황제의 직할 부대로서 전방 부대를 지도, 통제, 연락하는 친위대라고 할 수 있습니다. 친위대장인 율리오는 죄인이 아니었던 아리스다고와 누가를 바울과 동행할 수 있도록 호의를 베풀었습니다.

2
시돈
(Sidon, 오늘날 Saida)

"이튿날 시돈에 대니 율리오가 바울을 친절히 하여 친구들에게 가서 대접 받음을 허락하더니"(행 27:3).

1. 시돈의 역사

시돈은 두로에서 북쪽으로 약 36km 떨어진 해안에 자리 잡은 천연항구로서 지금은 사이다(Saida)라고 불립니다. 시돈 항구는 성경에서 언제나 두로와 같이 소개되기 때문에 베니게(페니키아)의 쌍둥이 항구라고 부릅니다. 역사가 요세푸스에 의하면 이 시돈은 노아의 증손 시돈에 의해 건설되었다고 합니다(창 10:15-19).

옛날 이곳 주민들은 주로 항해술, 어업과 상업, 특히 뿔고동에서 최고급의 자주색 염료를 추출하여 부를 축적했습니다. 예를 들어, 약 1만 개의 뿔고동을 벗겨야 1g 정도의 염료를 얻을 수 있었기에 당시 자주색 염료는 금보다 비싼 값으로 이집트에 수출되었습니다. 당시 뿔고동에서 채취한 1g 염료는 1,000데나리온에 팔렸습니다. 1데나리온이 일꾼의 하루 품삯이니 1g 염료가 얼마나 고가였는지 짐작할 수 있습니다.

또한 이곳에는 규석 성분이 많은 모래가 있어 세계 최초로 유리 만드는 기술이 발명되어 유리 제품 수출을 통해 큰 번영을 누렸습니다.

2. 시돈에서의 바울

바울은 가이사랴를 출발하여 로마로 호송되어 가던 중 잠시 이곳에서 머무는 동안 백부장 율리오의 선대로 친구들에게 대접을 받았습니다(행 27:1-3). 전승에 의하면, 베드로도 이곳에 와서 바울을 만나고 로마로 전송했다고 합니다.

성 니콜라스 교회(The Cathedral of Saint Nicolas)

항구에서 시내 안으로 약 50m 들어가면 베드로와 바울이 만난 장소가 있습니다. 일명 '성자들의 장소'(The Shrine of Saints: Peter and Paul)라 부르는데, 성 니콜라스 교회 안에 있습니다.

3
무라
(Myra)

"또 거기서 우리가 떠나가다가 바람의 거스림을 피하여 구브로 해안을 의지하고 행선하여 길리기아와 밤빌리아 바다를 건너 루기아의 무라 성에 이르러 거기서 백부장이 이달리야로 가려 하는 알렉산드리아 배를 만나 우리를 오르게 하니"(행 27:4-6).

무라는 소아시아 남쪽 루기아 지방에 있는 지중해의 도시로, 루기아 도시연맹의 6대 도시 중 하나였습니다. 아크로폴리스는 BC 5세기에 세워졌고, BC 3세기 무라에서 서쪽으로 약 4km 떨어진 해안에 안드리아케(Andriake)라는 항구가 세워집니다.

바울은 로마로 압송되어 갈 때 무라에서 알렉산드리아 배로 옮겨 탔는데, 무라에 있는 안드리아케 항구에서 타게 됩니다.

알렉산드리아 배

이집트는 로마의 곡물 공급지였기에 로마와 알렉산드리아 사이에는 대형 무역선이 정기적으로 운항되고 있었습니다.

4
니도
(Knidos)

"배가 더디 가 여러 날 만에 간신히 니도 맞은편에 이르러 풍세가 더 허락지 아니하므로 살모네 앞을 지나……"(행 27:7).

니도(Knidos)는 소아시아 남서쪽에 있는 도리안(Dorian) 반도의 서쪽 끝에 있는, 포도로 유명한 옛 항구도시였습니다.

무라를 출발한 배는 니도를 경유하여 서쪽으로 항해를 계속하려고 했습니다. 그래서 그레데 섬을 남쪽으로 바라보며 에게 해를 통과하려 하였으나 북서풍이 너무 강하여 더 이상 서쪽으로 항해를 계속할 수 없었습니다. 그래서 바울이 탄 배는 니도 앞바다에서 진로를 남쪽으로 바꾸었습니다(행 27:7).

5
그레데 섬
(Crete Island)

"······살모네 앞을 지나 그레데 해안을 의지하고 행선하여 간신히 그 연안을 지나 미항이라는 곳에 이르니 라새아 성에서 가깝더라······"(행 27:7-26).

백부장이 선장과 선주의 말을 바울의 말보다 더 믿었기에 유라굴로라 불리는 광풍을 만나 쫓겨 가다가 가우다라는 작은 섬 밑에서 거룻배를 잡아 올리고 풍랑으로 서쪽으로 떠내려가게 됩니다.

1. 그레데의 역사

그레데가 최고로 번성한 시기는 미노아 문명(크레테 문명) 때로 BC 1400년대까지 번영을 하였습니다. 미노아인들의 벽화와 도자기는 예술의 극치를 보여줍니다. 주변 지역의 화산들이 폭발하면서 힘든 시절을 보내기도 했지만, 배를 이용한 상업은 계속 이루어졌습니다. 페니키아, 시리아, 이집트인들은 그들의 주요 무역 대상이었습니다. 로마가 지중해를 다스리던 때는 고르틴(Gortyn)이 섬의 수도가 되었습니다.

2. 바울이 탄 배의 그레데 지역 여정

1) 살모네(Salmone, 오늘날 Cape Sideros)

바울이 탄 배는 그레데 섬의 동쪽 끝의 돌출부인 갑(cape)을 지나, 즉 살모네를 지나 그레데 섬을 바람막이로 하여 서쪽으로 항해하려고 하였습니다(행 27:7).

2) 미항(Fair Havens, 오늘날 Stouskalolimenas 또는 Klomonina)

그레데 섬의 남쪽에 있는 자그마한 항구로 오래도록 머물 만한 곳은 못 되나 잠시 바람을 피할 수는 있었습니다. 바울을 태운 배는 바람을 피하기 위해 이곳에 입항하였습니다(행 27:8). 동쪽으로 8km 떨어진 곳에 라새아 성이 있습니다.

바울은 금식하는 절기가 지나 행선하기가 위태함을 알고 이곳에서 겨울을 보낸 후 이달리야(이탈리아)로 가기를 백부장에게 권했습니다(행 27:9-11). 그러나 백부장이 선장과 선주의 말을 바울의 말보다 더 믿었고 그레데의 항구인 뵈닉스에서 과동하기 위해 출발하게 됩니다.

라새아(Lasea)

이곳은 바울이 탄 배가 입항한 미항에서 얼마 멀지 않은 곳에 있던 항구도시입니다. 항구 옆에는 성이 있습니다(행 27:8).

금식하는 절기

티쉬리(Tishri) 월 10일에 지켜졌던 속죄일을 의미합니다(민 29:7-11). 태양력으로는 9-10월경이 됩니다. F. F. 브루스에 의하면, 바울의 로마 여행 당시인 AD 59년의 속죄일은 태양력으로 10월 5일경이었다고 합니다. 그렇다면 바울이 탄 배는 겨울이 다가오는 지중해를 건너기 위해 아주 위험한 모험을 하고 있는 중입니다.

뵈닉스(Phoenix, 오늘날 Pheneka)

뵈닉스의 항구는 안쪽에 폭 싸여 서풍과 북서풍을 막아 줄 수 있는 곳이었습니다.

3) 가우다 섬(Gavdos, 오늘날 Gozzo)

가우다 섬은 그리스 최남단의 섬으로 그레데 섬에서 남서쪽으로 37km 떨어진 지점에 있습니다.

바울이 탄 배가 그레데 섬 남쪽 해안에 위치한 미항 앞에서 유라굴로라는 광풍을 만나 쫓겨 가던 중 간신히 가우다 섬 밑에서 거룻배를 잡아 올리고 풍랑으로 서쪽으로 떠내려갑니다.

유라굴로(Euraquilo)

동풍을 의미하는 '유로스'(Euros)와 북풍을 의미하는 '아퀼로'(Aquilo)의 합성어로 '위험스런 동북풍' 이라는 뜻을 가진 광풍입니다. 그래서 옛날부터 9월에서 10월까지는 항해하기 위험한 기간으로, 11월부터 3월 초까지는 뱃길이 끊기는 기간으로 알려져 있었습니다.

3. 그레데의 유적들

1) 사도 바울 동굴

바울은 미항에 있는 동굴에서 잠시 머무는 동안 기도했다고 합니다.

2) 디도의 순교 기념 교회

디도는 그레데 섬의 고르틴(Gortyn)에서 순교를 하였고, 이후 디도를 기념하는 교회가 세워졌습니다. 디도의 무덤은 오래 전에 헤라클리온(Heraklion)으로 옮겨졌습니다.

3) 성 디도 교회

성 디도 교회(St. Titus' Cathedral)가 헤라클리온에 세워져 있습니다. 이곳에는 디도의 머리가 안치되어 있습니다.

6
가우다 섬에서 멜리데 섬까지 14일 동안의 표류

"……너희가 기다리고 기다리며 먹지 못하고 주린 지가 오늘까지 열나흘 인즉 음식 먹으라 권하노니……"(행 27:27-44).

가우다 섬 밑에서 서쪽으로 표류를 하는데 14일 동안 해를 보지 못하고, 별도 보지 못하고, 아무것도 먹지 못하고, 살 수 있다는 어떠한 소망이나 가능성도 없었습니다. 14일째 되는 날 밤에 배는 오늘날 '바울의 섬'이라고 불리는 장소 근처에 도착하고 닻을 내렸습니다. 그리고 14일 만에 하나님께 감사 기도를 하고 음식을 먹었습니다.

날이 새자 바람에 맞추어 배가 해안을 향하여 가다가 두 물이 합하여 흐르는 곳에서 파손되었고, 배에 있던 276명 모두 해안에 상륙하여 구원을 얻었습니다.

7
멜리데 섬
(Melita, 오늘날 Malta Island)

"우리가 구원을 얻은 후에 안즉 그 섬은 멜리데라 하더라……"(행 28:1-10).

1. 멜리데의 역사

이 섬은 시실리 남쪽 약 98km, 아프리카 북동쪽 약 320km 지점에 위치한 섬으로, 전체 길이가 약 29km 되고 너비가 15km 정도 되는 작은 섬입니다. BC 1000년경 페니키아인들이 이 섬에 이주하여 식민지를 건설하였으나 BC 218년 로마가 제2차 카르타고 전쟁 초기에 이곳을 점령하여 다스렸습니다. 아우구스투스는 이 섬을 관할하는 행정관을 세웠는데, 그 명칭은 '멜리데의 자치에 있어서 모든 일을 관할하는 우두머리'라는 뜻의 '멜리테시움 프리무스 옴니움'(Melitesium Primus Omnium)이었습니다. 뿐만 아니라 그는 이 섬에 많은 수의 퇴역 군인과 그들의 가족을 이주시켰기 때문에 이 섬은 상당한 번영을 누렸습니다.

2. 멜리데에서의 바울

해안에 도착한 276명은 모닥불을 피웠는데 이때 바울이 독사에 물리는 사건이 생깁니다. 그러나 바울에게 별 문제가 없었습니다.

멜리데에 3개월 체류하는 동안에 이 섬에서 제일 높은 사람 보블리오가 그들을 따뜻하게 대접하였습니다. 때마침 보블리오의 부친이 열병과 이질에 걸려 누워 있었는데, 바울이 낫게 해주었습니다.

보블리오(Publius)

멜리데 섬에서 제일 높은 사람이며 지주였습니다. 그의 이름으로 미루어 그는 로마인이었을 것입니다.

3. 멜리데의 유적들

1) 바울의 섬(St. Paul's Island)

멜리데(말타) 사람들은 이 섬을 셀무네트(Selmunett)라고 불렀는데, 바울이 탔던 배가 섬 근처에서 파선했기에 이후로 '바울의 섬'

이라고도 부릅니다. 바울의 섬과 해안 지역을 바울 만(St. Paul's Bay)이라고 합니다.

2) 모닥불 교회(Bonfire Church)

배가 파선하여 거기 탔던 사람들이 바울 만에 있는 해안에 도착하여 모닥불을 피웠고 이때 바울이 독사에 물렸지만 죽지 않았습니다. 나중에 이 장소를 중심으로 교회가 세워졌습니다.

3) 바울 환영 교회(Welcomed Church of St. Paul)

'바울 밀기'(Paul Milqi) 지역에 있는 교회로 바울을 환영한다는 의미에서 세워졌습니다. 이곳 전승에 의하면 이 지역에 보블리오의 아버지가 살았는데, 바로 보블리오의 아버지 집에 교회가 세워졌다고 합니다.

4) 바울의 분수(St. Paul's Fountain)

해안 근처에 있는 샘에서 바울은 첫 번째 멜리데(말타) 사람에게 세례를 주었다고 합니다.

5) 바울의 동굴(St. Paul's Grotto)

바울이 멜리데 섬에서 3개월 동안 머물 때 있었던 동굴입니다.

6) 난파 교회(Church of St. Paul's Shipwreck)

발레타(Valletta)에 난파 교회가 있는데, 바울의 뼈와 바울이 참수당할 때 사용된 돌 기둥이 보관되어 있습니다.

제10장
바울의 로마 입성

"석달 후에 그 섬에서 과동한 알렉산드리아 배를 우리가 타고 떠나니 그 배 기호는 디오스구로라 수라구사에 대고 사흘을 있다가 거기서 둘러가서 레기온에 이르러 하루를 지난 후 남풍이 일어나므로 이튿날 보디올에 이르러 거기서 형제를 만나 저희의 청함을 받아 이레를 함께 유하다가 로마로 가니라 거기 형제들이 우리 소식을 듣고 압비오 저자와 삼관까지 맞으러 오니 바울이 저희를 보고 하나님께 사례하고 담대한 마음을 얻으니라"(행 28:11-15).

성령의 검(하나님의 말씀)을 들고 있는 바울의 상

1
수라구사
(Syracuse)

바울과 죄수들은 멜리데 섬에 있던 알렉산드리아의 곡물 운송선 디오스구(Dioscuri)에 승선하였습니다. 멜리데를 출발한 디오스구는 수라구사에 입항하게 됩니다.

수라구사(Syracuse)는 이탈리아 남부의 시실리 섬 동쪽 해안에 있는 항구로, BC 700년대에 고린도인들이 건설하여 그리스의 헬레니즘 문화를 퍼뜨렸습니다. 농업과 무역으로 번영을 이루다가 BC 212년 로마의 손에 넘어갔지만, 로마의 시실리 섬 통치관의 주재지가 되면서 더욱 번창하게 되었습니다.

바울이 탄 배는 바람 때문에 이곳에서 3일간 정박한 것으로 보입니다.

디오스구(Dioscuri)

디오스구는 제우스 신의 쌍둥이 아들 카스톨과 폴룩스(Castor and Pollux)로, 선원들을 돕는 신이라고 믿겨져 선원들이 경배하는 쌍둥이 신을 말합니다.

수라구사의 카타콤

수라구사에 바울이 3일 동안 머물렀다는 카타콤이 있습니다. 이곳에 제단을 쌓고 복음을 전파했다는 장소와 돌 제단이 있고, 벽에는 3세기경으로 추정되는 프레스코화가 있습니다.

2
레기온
(Rhegium, 오늘날 Reggio di Calabria)

레기온(Rhegium)은 전통적으로 그리스의 식민지로 발전하였지만 여러 침략자들의 약탈과 지진으로 여러 번 파괴되고 재건되었습니다. 지금은 이탈리아 남부의 항구도시로, 메시나 해협(Strait of Messina)에 있습니다. 이 해협은 이탈리아 본토에 속한 레기온과 시실리 섬을 11km 정도의 폭으로 갈라놓고 있습니다.

바울은 이 항구에서 하루를 지냈는데 산 중턱에 바울을 기리는 기념 교회가 세워져 있습니다.

바울이 탄 배는 하루를 지낸 후 남풍이 일어나 보디올을 향해 갑니다.

3
보디올
(Puteoli, 오늘날 Puzzuoli)

보디올(Puteoli)은 나폴리 서쪽에 있는 항구도시이지만 원래는 사모스 섬 출신의 이주민들이 그리스의 식민도시로 세웠습니다. 일찍이 철공업이 발달하여 무기에서 농기구에 이르기까지 각종 철제품을 대량 생산했던 곳입니다. 특히 곡물을 실어 나르는 대형 상선들이 이곳을 드나들면서 지중해의 중요한 항구도시로 발전하였습니다.

그런데 성경에 보면, 이 도시에 이미 그리스도인들이 있었습니다. 이들은 아마도 오순절에 로마에서 예루살렘에 갔던 사람들로서, 예루살렘에서 사도들이 방언으로 전한 복음을 듣고 그 이후에 로마로 돌아와 이탈리아 반도에 복음을 전했을 것으로 봅니다.

바울은 배로 이곳 보디올에 도착하여 이곳의 교인들과 7일 동안 함께 머물게 됩니다. 그 뒤 바울은 캄파나 도로(Via Campana)를 따라 32km 떨어진 카푸아(Capua)까지 가서, 거기서부터 압비아 도로(Via Appia)를 따라 로마까지 도보로 갑니다.

오늘날 항구 옆에는 BC 5세기경 세워진 그리스의 주피터 신전 터가 남아 있습니다. 그리고 항구 옆 해안가에는 바울이 이곳에 도착한 것을 기념하는 교회가 세워져 있습니다. 교회 앞에는 바울이 보디올에 도착했다는 성경 구절(행 28:13)이 기록되어 있습니다.

4
압비아 가도
(Via Appia)

압비아라는 명칭은 감찰관인 아피우스 클라디우스 카에쿠스(Appius Claudius Caecus)에 의해 BC 312년 도로가 만들어졌을 때 그의 이름을 따라 명명되었습니다.

　길이는 로마에서 카푸아(Capua)를 거쳐 브룬디시움(Brundisium)까지 약 570km가 됩니다. 처음에는 카푸아까지만 건설되었는데, 다음에 브룬디시움까지 연장하여 건설되었습니다. 도로의 폭은 4m밖에 되지 않았으나 로마 시대 당시에는 현무암으로 포장된 중요한 군사 및 산업 도로였습니다.

5
압비오 저자
(Forum Appii, 오늘날 Foro Appio)

　압비오 저자(Forum Appii)에는 로마로부터 43번째의 이정표(70km)가 서 있습니다. 이곳은 여행자가 쉬어 가는 중요한 숙박지였습니다. 오늘날 만시오(Mansio) 호텔 부근으로서, 로마의 신자들은 여기까지 나와 바울을 맞이하였습니다(행 28:15).

　이곳은 테라티나 습지대의 북단에 위치하고, 말라리아의 위험이 있어 의학의 신인 아스클레피우스의 신전이 서 있었습니다. 지금 이곳에는 바울 기념 교회와 압비오 저자(광장)가 있습니다.

6
삼관
(Tre Taverne)

    이탈리아어 성경을 보면 삼관은 '트레 타베르네'(Tre Taverne)로 표기되어 있는데, 이는 '세 개의 여관'이라는 뜻입니다. 당시 보디올에서 로마에 이르기까지 이틀은 걸어야 도착할 수 있는 거리인데, 로마로 들어오는 길목 곳곳에 이런 여관들이 있었습니다. 여관이 있는 곳에는 여관이라는 지역명이 붙여졌습니다. 지금도 '타베르나'라는 지역 이름이 많이 남아 있습니다. 아마도 로마의 교인들이 이런 여관에서 자면서 바울을 기다리고 바울도 하루 정도 머물고 로마로 올라갔으리라 여겨집니다.
    이곳에 '자에타니 소유의 동굴'(Grotto di Caetani)이 있습니다.

제11장
로마에서의 바울

"우리가 로마에 들어가니 바울은 자기를 지키는 한 군사와 함께 따로 있게 허락하더라……바울이 온 이태를 자기 셋집에 유하며 자기에게 오는 사람을 다 영접하고 담대히 하나님 나라를 전파하며 주 예수 그리스도께 관한 것을 가르치되 금하는 사람이 없었더라"(행 28:16, 30-31).

디모데의 누이 프라세데와 푸덴지아나의 무덤

1
마메르티눔
(Mamertinum)

사도 바울은 처음 로마로 압송되어 마메르티눔이라는 감옥에 갇혀 있었습니다. 정치와 종교의 중심지 역할을 하던 광장인 포로 로마노(Foro Romano)에 가면 로마의 원로원이 있고 그 옆에 마메르티눔 감옥이 있습니다. 감옥의 입구에 보이는 글씨는 이 감옥에 갇혔던 죄수들의 명단인데, 사도 바울과 베드로의 이름이 있습니다.

로마 정부는 잡혀온 바울이 위험인물이 아니고 또 로마 시민권도 가지고 있음을 알고 군인으로 하여금 감시하게 하고는 그를 풀어 주었습니다. 바울은 셋집을 얻어 비교적 자유롭게 복음을 전하고 말씀을 가르치는 일 그리고 손님을 맞이하는 일을 계속하였을 것으로 봅니다.

2
셋집
(Rented House)

아구사도 대의 백부장 율리오(Julius)는 항해 중에 있었던 일들을 통해 바울에게 좋은 감정이 있었을 것으로 봅니다. 그래서 로마에

바울이 로마에서 갇혔던 첫 번째 감옥 마메르티눔

바울이 마메르티눔 감옥을 나와 2년 동안 있었던 셋집

도착한 후 상관에게 보고할 때 편의를 제공했을 가능성이 있습니다. 그래서 바울은 감옥이 아닌 셋집에 살 수 있었을 것으로 봅니다.

당시 로마의 법에 따르면 로마 시민권을 가진 죄수는 감옥 밖에 일이 있을 때 비교적 자유롭게 왕래할 수 있었습니다. 밖으로 나가기 위해 자기를 대신해서 감옥에 대리인을 두면 가능했습니다. 바울이 약 2년 정도 셋집에 있을 때, 비교적 자유로운 상태에서 빌립보서, 에베소서, 골로새서 그리고 빌레몬서를 기록하게 되었습니다.

1. 바울의 사역

1) 빌립보 서신 작성

바울은 빌립보 교인들과 좋은 관계를 유지하였습니다. 빌립보 교인들은 바울에게 받은 신앙의 유산을 잘 간직하여 바울이 마케도니아를 떠날 때와 데살로니가에 있을 때에 여러 번 도왔습니다(빌

4:15-16).

또 바울이 로마의 셋집에 있을 때에,

첫째, 빌립보 교회는 에바브로디도 편에 바울에게 헌금을 보냈습니다.

둘째, 로마에서 에바브로디도가 병에 걸려 고생을 했는데, 이것이 바울과 빌립보 교회를 근심하게 하고, 에바브로디도도 빌립보 성도들이 자기의 병든 소식을 들은 줄 알고 근심하였습니다(빌 2:26-27).

셋째, 바울은 유오디아와 순두게의 다툼 외에 빌립보 교회의 여러 소식을 듣고 편지를 써서 에바브로디도 편에 빌립보 교회에 보냅니다.

2) 에베소 서신, 골로새 서신 작성

골로새 출신인 에바브라가 셋집에 있는 바울을 찾아와 골로새 교회의 긴급한 문제들을 상의하고 바울의 지도를 구했습니다. 바울은 골로새 교인들을 권면하는 편지를 써서 두기고 편에 보낼 때 에베소 서신과 빌레몬 서신도 같이 기록하여 보냈습니다.

바울은 약 4년 정도 감옥(가이사랴 2년, 로마 2년)에 있으면서 우주를 주관하시고 세상을 주관하시고 예수님을 죽기까지 하신 하나님의 우주적인 목적, 즉 "반석 위에 하나님의 나라(교회)를 세우라"(마 16:18)는 말씀을 깨닫고 이것을 권면의 말씀과 함께 서신으로 정리하여 편지를 보냈습니다. 즉 그리스도의 몸인 교회를 강조하는 에베소서와 교회의 머리인 그리스도를 강조하는 골로새서를 써서 보냅니다. 서신 전달은 두기고가 하였습니다.

3) 빌레몬 서신 작성

바울이 빌레몬의 종 오네시모를 로마의 셋집에서 어떻게 만나게 되었는지는 확실하지 않습니다. 처음에 골로새 출신인 에바브라와 빌레몬은 바울이 3차 선교여행 중 에베소에서 사역을 할 때 예수님을 믿게 되었습니다. 후에 에바브라는 히에라볼리, 라오디게아 그리고 골로새에 교회를 개척하게 되고, 빌레몬은 골로새의 자기 집을 교회로 사용하였습니다.

몇 년이 지난 후 바울이 로마에 갇혔다는 소식을 들은 에바브라는 바울을 만나러 로마까지 왔고, 아마도 이때 에바브라의 도움으로 로마까지 도망온 오네시모는 바울과 함께할 수 있었던 것 같습니다. 오네시모는 셋집에 있었던 바울에게 큰 도움이 되었고, 바울은 오네시모의 주인인 빌레몬에게 오네시모의 필요성을 설명하는 편지를 보내게 됩니다. 서신 전달은 두기고가 하며 오네시모도 함께 떠나게 됩니다.

미국의 16대 대통령 링컨은 빌레몬 서신을 읽다가 영감을 받아서 "자유와 노예는 함께 있을 수 없다"고 하며 노예 해방운동을 하게 되었다고 합니다.

2. 골로새 요약

1) 골로새의 역사

골로새는 고대 브루기아의 남부지역에 있으면서 동방에서 서방으로 연결되는 왕의 도로(Royal Road) 상에 있었기에 고대로부터 도시가 발전하게 되었습니다.

헤로도토스는 BC 5세기에 골로새를 가장 위대한 도시라고 불렀습니다. BC 481년 아하수에로(크세르크세스) 왕은 이곳을 지나갈 때 위대한 도시라고 언급했습니다. 그리스의 역사가 크세노폰은 골로새를 6개의 브루기아 큰 도시 중 한 곳이라고 했습니다.

요세푸스는 셀레우코스 왕국의 안티오쿠스 3세가 기원전 200년쯤 유대인 약 2,000명을 메소포타미아와 바벨론에서 골로새 지역으로 이주시켰다고 합니다. "갈라디아인들" 자료에 보면, 갈라디아 산적들이 비옥한 아시아 지역에 넘나드는 것을 보고 아시아의 풍요로운 땅을 지키기 위해 방패막이로 유대인들을 이주시켰다고 합니다(Murat Arslan, *Galatlar*).

BC 62-61년에 로마 총독 플라커스(Flaccus)가 골로새의 유대인들이 예루살렘 성전세로 20파운드의 금을 수송하려고 하는 것을 금지했다는 기록이 있습니다. 이 금값을 유대 성인 남자 수로 계산해보니 골로새를 중심으로 한 라오디게아 지역에 적어도 11,000명 정도가 있었다고 추정할 수 있습니다.

2) 골로새의 산업

전통적으로 모직물과 면직물 산업이 주를 이루었습니다.

소금이 많이 났습니다(골 4:6). 소금은 로마 군인들이 월급으로 받았습니다. 소금을 적절히 먹으면 병에 걸리지 않습니다.

3) 골로새의 발전과 쇠퇴

골로새는 전통적으로 토착신인 키벨레를 섬기는 브루기아인들의 땅으로 리디아인들, 그리스 이주민들 그리고 유대인 등 다양한 문화와 종교적 요소가 서로 만나면서 혼합된 범세계적 도시로 발전하였습니다. 그러나 로마의 평화시대가 도래하면서 교통의 요지가 된 히에라볼리와 라오디게아가 상업의 중심지로 부상하면서 골로새는 작은 성읍으로 전락하였습니다.

4) 골로새 교회의 역사

바울이 3차 선교여행 중 에베소에 약 3년 정도 머물 때 골로새 출신인 에바브라와 빌레몬이 예수님을 믿게 되었고, 이때 두란노 서원에서 교육을 받은 것으로 알려져 있습니다. 에바브라는 히에라볼리, 라오디게아 그리고 골로새에 교회를 개척하였고, 빌레몬의 경우 골로새의 자기 집을 교회로 사용한 것으로 알려져 있습니다(몬 1:2).

세월이 흘러 바울이 로마의 감옥에 갇혔다는 소식을 들은 에바브라는 걱정과 함께 골로새의 이단 문제에 대한 질문을 가지고 로마의 바울을 찾아갑니다. 이때 에바브라는 로마에서 오네시모를 만나 바울에게 인도하였고, 오네시모는 예수님을 믿고 바울에게 큰 도움을 주게 되었습니다.

5) 골로새의 이단적 위험

다양한 문화와 종교적 요소가 만나면서 많은 이단적인 위험이 있었습니다. 네 가지로 정리하면 다음과 같습니다.

① 초기 영지주의

물질과 육신이 악하기에 하나님이 인간이 될 수 없으며, 그래서 그리스도의 죽음, 부활과 승천을 부인하였습니다.

② 유대교의 율법주의

그리스도를 믿는다 할지라도 할례, 음식에 관한 규례, 절기 등 율법적인 의식들을 중시하는 유대교의 율법주의가 영향을 끼치고 있었습니다. 특히 이들 중에 할례 문제로 바울이 어려움을 겪었던 것을 기억하고 있습니다. 이들은 율법을 지키는 것이 구원의 길이라고 주장하였습니다.

③ 천사숭배

악한 육신을 입은 인간이 하나님께 직접 경배드리는 것은 교만한 것입니다. 그러므로 하나님보다 낮은 천사에게 경배해야 하며, 그것이 곧 겸손한 행위라고 주장하였습니다. 이것은 인간의 이성에서 비롯된 것이었습니다.

④ 금욕주의

육체는 악한 것이기 때문에 가혹하게 다루어야 한다고 했습니다. 즉 엄격한 규율을 끊임없이 육체에 가함으로써 욕망을 억눌러야 한다고 했습니다. 그렇게 함으로써 경건하고 겸손한 자가 될 수 있다고 하였습니다.

금욕주의와 기독교의 물질관

헬라 철학에서는 정신에 속하는 것을 선, 육체에 속하는 본능이나 욕구를 악으로 보았는데 이 견해에 바탕을 두고 육체적인 욕구, 본능을 되도록 억제하는 것이 중요하다고 보았습니다. 헬라적 사고가 기독교에 유입되면서 기독교 안에서 많은 갈등이 일어나게 되었는데, 이 영향을 받아 기독교 안에서 금욕주의가 나타나게 되었습니다. 즉 악한 우리의 몸을 어떻게 다루는 것이 좋겠느냐에 대한 답으로 금욕주의가 나타나게 되었습니다. 금욕주의가 한동안 지속되다가 고행주의로 발전하였는데, 마르틴 루터가 종교개혁을 일으킨 이유 가운데 하나가 고행주의였습니다.

수도원에 가보면, 들어가는 문(gate)이 없고 창문(window)이 있을 뿐입니다. 몸은 악한 것이니 고통을 주어야 하고, 좋아하는 것을 아무것도 하지 말라는 것입니다. 그러나 루터는 고통을 받음으로 말미암아 내 의가 되어 그것이 구원의 조건에 이른다면 예수 그리스도의 십자가 사건은 아무 의미가 없게 된다는 것을 깨닫고 개혁을 일으켰습니다.

하나님께서 만드신 세상과 물질은 악한 것이 아닙니다. 물질이 이용되는 과정에 따라서 악해지기도 하고 선해지기도 합니다. 칼을 가지고 수박을 잘라서 나눠 먹는다든지 요리를 만든다든지 하면 그때 그 칼은 얼마나 선한 도구입니까? 그러나 강도가 그 칼을 가지고 사람을 죽였을 때는 악한 것이 되고 맙니다.

우리의 몸도 마찬가지입니다. 무엇을 하느냐에 따라 내가 선이 될 수도 있고 악이 될 수도 있습니다. 그러니까 바울의 고민은 '내 속에 이 두 가지가 싸우고 있다' 는 것이었습니다(롬 7:21-24). 이것이 기독교의 물질관입니다. 이 육체를 사용하는 자유권은 바로 우리에게 있습니다.

제12장
로마를 떠난 바울

바울은 약 2년 동안 로마의 한 셋집에서 머물고 62년 초에 석방이 됩니다. 석방되었을 때 바울의 계획은 스페인으로 가야 되지만 그 전에 생각지 못했던 옛날 개척교회로 돌아옵니다. 왜냐하면 가이사랴에서 2년, 로마에서 2년 동안 감금되어 있으면서 기도하고 계시를 받고 성경을 살피는 중에 하나님의 교회와 그리스도를 좀 더 깊이 이해하게 되었고, 그것은 개척한 교회에 가르치지 못한 내용이었습니다. 그 내용이 아주 소중한 것이었기에 석방되자마자 스페인으로 가지 않고 자신이 개척한 교회들을 방문하게 됩니다.

미노스 왕에 의해 최초로 만들어진 해양 미노아 문명의 유적(그레데 섬)

1
AD 60년대 예루살렘의 상황

　AD 62년 예수님의 형제 야고보는 유대인들에 의해 성전 위에서 떨어져 순교를 합니다. 이후 예수님의 다른 동생 시몬이 예루살렘 교회의 지도자가 되어 일을 하게 됩니다.

　AD 66년 이후 유대인들은 로마에 반란을 일으키는데(유대의 첫 번째 반란 : AD 66-70년), 로마 군인들의 예루살렘 침공 직전 예루살렘 교회 성도들은 전쟁을 피해 펠라(Pella)로 피신을 갔고 어정쩡한 교인들은 다시 유대교로 돌아가 버리기도 했습니다. 결국 예루살렘 교회는 흩어져 존재하지 않게 되었습니다.

　유대인들은 기독교를 유대교의 한 종파로 생각하고 있었는데, 나라의 어려움을 뒤로하고 자기들만 살겠다고 달아난 그리스도인들을 보면서 결국 기독교를 이단으로 정죄합니다. AD 90년 얌니아에서 유대인들은 헬라 성경을 배격하고 히브리 성경 39권을 확정합니다. 이때부터 그리스도인들은 회당과 결별을 하게 되고 유대인들이 갖고 있었던 특권, 즉 황제 숭배를 하지 않고 로마 군대에 들어가지 않았던 특권을 상실하면서 로마 제국에서 어렵게 어렵게 살아가게 됩니다.

2
교회들을 방문하는 바울
(그레데, 에베소, 마케도니아)

1. 그레데

바울은 로마의 셋집을 떠나 배를 타고 소아시아로 가게 됩니다. 소아시아로 향하던 배는 그레데 섬을 지나가게 되었습니다. 자연스럽게 바울은 그레데 섬에 있었던 성도들과 교제를 합니다. 그런데 그레데 교회의 부족한 것들을 알게 되면서, 이 부족한 일들을 바로 잡고 장로들을 세우는 일을 위해 디도를 섬에 남기게 됩니다(딛 1:5).

2. 에베소

바울은 로마의 셋집에 있었을 때 에베소와 골로새에 있던 성도들에게 서신을 보낸 적이 있습니다. 서신을 읽은 성도들이 어떻게 이해했고 어떻게 삶에 적용하며 살고 있는지 궁금해서 에베소를 방문하게 됩니다. 그리고 바울은 에베소 교회를 잘 세우라는 부탁과 함께 디모데를 에베소에 남기고 아시아 지역을 지나 마케도니아로 이동하게 됩니다.

3. 마케도니아

바울은 마케도니아 지역에 있는 교회들을 방문하면서 조금 더 가르칠 필요성을 느끼게 되어 마케도니아 지역에 머물게 됩니다. 이때 에베소에 있던 디모데와 그레데 섬에 있던 디도에게 편지를 씁니다.

1) 디모데전서 작성

마케도니아의 교회들에게 문제가 있다는 것을 알게 되면서 바울은 에베소에 있던 디모데에게 "만일 늦어지면 내 대신 장로, 집사를 세워야 되는데 조심해서 세워라" 하고 목회의 조언을 서신을 통해 가르칩니다(딤전 3:15).

2) 디도서 작성

디모데전서와 거의 같은 내용을 적고 있습니다. 디도의 목회를 위한 서신입니다. 바울은 아데마나 두기고를 보낼 텐데, 디도로 하여금 니고볼리로 빨리 오라고 합니다. 혹시 교법사 세나와 아볼로가 그레데에서 필요하지 않으면 그들을 먼저 니고볼리로 보내라고 부탁을 합니다.

3
니고볼리
(Nicopolis)

니고볼리(Nicopolis)는 '승리의 도시' 라는 뜻으로, 그리스 본토의 서해안에 자리잡은 도시이며, 이탈리아에서 보면 아드리아 해 건너

편에 있습니다. 니고볼리는 BC 31년 옥타비아누스에 의해 건설되었습니다. 옥타비아누스가 악티움 전투에서 안토니오에게 결정적으로 승리하기 전에 그의 야영지 자리에 건설된 도시였습니다.

바울은 에베소의 디모데를 제외한 대부분의 제자들을 왜 니고볼리로 불렀을까요? 바울은 니고볼리에서 겨울을 보내기로 결정하였다고 하는데, 왜 제자들을 니고볼리로 불렀을까요?

정확한 자료는 없으나 니고볼리 방문 이후 바울은 로마에 잡혀가게 됩니다. 그렇다면 네로 황제의 기독교 박해 때 니고볼리에서 제자들과 함께한 바울이 아마도 복음을 전하는 중에 붙잡혔을 것이고, 이후 로마로 다시 압송되었을 것으로 추정할 수 있습니다.

윌리엄 람세이(William Ramsay)가 본 바울의 4차 여행

① 바울은 로마에서 석방되자마자 디도와 디모데를 데리고 그레데로 갔고, 그레데에 있던 교회에 조직을 세워 바른 교회로 만들라고 디도와 아볼로를 남겼습니다.

② 바울은 마케도니아로 가는 길에 에베소에 들렀는데(딤전 1:3), 후메내오와 알렉산더를 파문하고(딤전 1:20), 디모데를 남겼습니다.

③ 바울은 마케도니아에 도착해 에베소에 있는 디모데와 그레데에 있는 디도에게 편지를 씁니다. 이것이 디모데전서와 디도서입니다. 특별히 바울은 디도에게 보낸 편지에서 아데마나 두기고를 그레데로 보내 디도를 대신하게 하고 디도를 자기가 겨울을 지내기로 작정한 마케도니아의 서쪽 항구도시 니고볼리로 오게 했습니다. 이때 먼저 교법사 세나와 아볼로를 보내라고 부탁합니다.

④ 바울은 이고니아 바다 동쪽 해안에 있는 니고볼리에서 겨울을 지냈으며, 디도와 합류했습니다. 바울은 디도와 겨울을 지내고 디모데를 만나기 위

니고볼리의 성벽 : 바울은 니고볼리에서 겨울을 지내기로 결정했고, 제자들을 이곳으로 불렀다

해 에베소로 오는 길에 드로아에 들렀는데 아마도 드로아에서 구리 장색 알렉산더의 선동으로 다시 체포되었을 것입니다.

⑤ 드로아에서 로마로 호송 도중 바울은 밀레도와 고린도에 들러서 드로비모를 밀레도에, 에라스도를 고린도에 머물게 했습니다.

제13장

두 번째로 로마의 감옥에 갇힌 바울

바울은 네로 황제의 기독교 박해(AD 64-67)를 보면서 자신도 죽게 될 것을 느끼며 디모데에게 편지를 씁니다.

바울이 갇혔던 두 번째 감옥의 창문(위), 두 번째 감옥 안(아래)

1
마지막 서신인 디모데후서 작성

바울은 보고 싶다며 디모데를 로마로 부르는데, 올 때 마가를 데리고 오라고 합니다. 이때 바울은 두기고를 에베소로 보냅니다. 바울이 참수를 당하기 전에 디모데가 로마에 도착했는지는 확실하지 않습니다.

바울은 AD 67년 참수를 당하게 됩니다. '베드로와 바울행전'을 참고하면, 바울은 오스티아 가도에 세워진 세 번째 이정표 가까이에 있는 '아쿠에 살비에'(바울의 참수터)에서 참수되었다고 합니다 (조광호, 《바울》).

2
바울의 참수터
(Tre Fontane)

바울의 참수터는 많은 로마의 유적지와는 다르게 입구에 들어서는 순간부터 비장함을 느끼게 합니다. 이곳은 바울 이후로 많은 그리스도인들이 순교를 당한 곳입니다.

1. 천국 계단 교회

생명수로와 칼 대제의 아치 문을 지나 넓은 정원에 도달하면 오른쪽으로 계단 위에 교회가 있습니다. 이 교회는 천국에 이르는 계단 교회입니다. 옛날에는 이곳에 사형 직전의 사형수들을 잠시 가둬 둔 감옥이 있었습니다. 현재 이 교회의 내부에 지하로 내려가는 계단이 있는데, 그 지하 안쪽에 바울이 마지막으로 갇혀 있었던 장소가 보존되어 있습니다. 바울뿐만 아니라 많은 그리스도인들과 또 다른 사형수들이 여기에서 죽음을 기다렸습니다.

이 교회에는 또 다른 비극이 숨겨져 있습니다. 예루살렘은 티투스 장군에 의해 AD 70년 함락됩니다. 그리고 수많은 유대인들이 로마에 포로로 잡혀왔습니다. 그리고 그들은 당시 건축 중이던 콜로세움 공사에 동원되었습니다. 그들 중 많은 사람들은 곧 영양실조와 질병으로 죽음 직전에 이르게 되었고, 로마는 그들 10,203명을 이곳에 매장해 버렸습니다. AD 1200년대에 수도사 베르나르도가 이곳에서 기도하는 중 환상을 보게 되는데, 수많은 별들이 하늘에 오르는 모습이었습니다. 이 환상 후에 그는 과거 10,203명의 고귀한 영혼이 순교당한 곳임을 알게 되었고, 이후 여기에 기념 교회를 세우게 되었습니다. 교회 가운데 천장에는 별들이 그려져 있는데 이 별들은 10,203개로 순교당한 이들의 하늘에 오른 영혼을 상징합니다.

2. 바울 순교 교회

천국 계단 교회를 나오면 오른쪽으로 길이 있습니다. 바울은 이 길을 따라 형장으로 끌려갔습니다. 그 형장의 자리에 현재 바울 순교 교회가 세워져 있습니다. 그 교회 앞에 10m쯤 돌로 된 길이 있는데, 이 길은 그 당시의 길입니다. 바울은 마지막으로 이 돌들을 밟고 형장으로 끌려갔습니다. 교회로 들어서면 왼쪽 벽에 바울이 순교당하는 부조가 새겨져 있고, 오른쪽에는 베드로가 거꾸로 십자가에 못 박혀 있는 부조가 있습니다.

3. 순교와 세 개의 분수

안쪽 제단 오른쪽 구석의 철창 안에 바울의 목을 칠 때 사용된 돌기둥이 있습니다. 그리고 그 왼쪽 아래로 세 개의 제단이 있는데, 이는 바울의 목이 잘렸을 때 세 번 목이 튀었는데 그 당시 목이 튄 곳마다 분수가 솟았다고 합니다. 지금 그 앞에 제단을 만들어 놓았습니다. 바울이 그토록 가기를 원했던 로마에서 바울은 주님의 말씀처럼 로마에서 담대히 복음을 전하다 순교하고 하늘에 오르게 되었습니다.

바울이 걸었던 참수터로 가는 로마 시대의 길

3
바울의 묘와 교회

　순교 후 시신은 성 밖의 오스티안 거리에 있는 루치나 부인 가문의 소유지에 묻혔고 베드로의 무덤과 함께 비밀히 관리해 오다가 외국의 침략이 있었을 때, 또는 AD 258년 발레리아누스(Valerianus) 황제의 박해 때 잠시 압비아 거리에 있는 세바스티안(St. Sebastian) 카타콤에 안치되었습니다.

　세바스티안 카타콤 안에는 AD 250-350년쯤에 쓰인 글씨가 있습니다. 내용은 "베드로와 바울이 사람들을 위해 기도한다"(Peter and Paul pray for person)입니다.

　콘스탄틴 황제의 기독교 공인 이후 AD 324년 6월 29일 바울과 베드로의 시신이 이장되었습니다. 바울의 시신은 현재 바울 교회

바울의 시신이 모셔져 있는 바울 교회

안에 이장되어 있고, 베드로 시신의 경우는 네로의 경기장 북쪽 공동묘지 위에 세워진 현재 베드로 성당 안에 이장되어 있습니다. 세계의 그리스도인들은 매년 6월 29일, 이날을 기념해서 예배를 드리고 있습니다.

로마 제국의 탄생에서 폴리캅 순교까지의 사건들

BC 27	옥타비아누스가 아우구스투스(Augustus)의 칭호를 받으면서 로마 제국이 시작되다.
BC 4	예수 그리스도가 탄생하다.
AD 1-10	바울이 길리기아 지방 다소에서 태어나다.
AD 26	본디오 빌라도(Pontius Pilatus)가 유대 총독으로 임명되다.
AD 27	예수님께서 세례 요한에게 세례를 받으시고 공생애를 시작하시다.
AD 30	예수님께서 십자가에 못 박히시고 부활 승천하시다. 오순절날 성령이 임하시다.
AD 30-32	스데반이 예루살렘에서 돌에 맞아 순교하다.
AD 33-34	바울이 다메섹 도상에서 회심하다.
AD 36	본디오 빌라도가 행정 과오를 범하여 로마로 소환되다.
AD 37	로마 제국의 2대 황제인 티베리우스(Tiberius)가 죽고 칼리굴라(Caligula)가 승계하다. 유대 역사가 요세푸스가 이때 태어나다.
AD 41	칼리굴라가 암살당하고 글라우디우스(Claudius)가 황제가 되다. 헤롯 아그립바 1세가 유대와 사마리아의 왕이 되다.
AD 44	헤롯 아그립바 1세에 의해 사도 요한의 형제 야고보가 순교하다.
AD 46	바울은 바나바와 함께 1차 선교여행을 떠나다.
AD 48-49	예루살렘 회의가 있었고, 이후 바울은 실라와 함께 2차 선교여행을 떠나다.
AD 52	벨릭스(Antonius Felix)가 유대 총독으로 부임하다.

	바울은 3차 선교여행을 떠나다.
AD 54	글라우디우스 황제가 자기의 아내 아그리피나(Agrippina)에게 독살당하다. 그리고 네로(Nero)가 로마의 황제가 되다.
AD 57	바울은 예루살렘에서 체포되다.
	가이사랴에 있던 유대 총독 벨릭스는 바울을 2년 동안 구금하다.
AD 59	베스도(Porcius Festus)가 유대 총독이 되고 바울을 가을쯤 로마로 압송하다.
AD 60	바울은 봄쯤 로마의 셋집에 구금되어 2년 동안 머물게 되다.
AD 62	바울은 봄쯤 로마의 셋집에서 나와 세웠던 교회들을 둘러보다.
	예수님의 형제 야고보가 순교하다.
AD 64	네로가 그리스도인들을 박해하기 시작하다(약 3년 반 동안 진행).
AD 67	바울은 다시 체포되어 로마에서 네로 황제에 의해 순교하다.
	갈릴리의 요드파트(Yodfat) 전투에서 요세푸스만 살아남다.
AD 68	네로 황제가 죽임을 당하고 갈바(Galba)가 승계하다.
AD 69	갈바가 죽고 오토(Otho)가 승계한다. 오토가 자살하고 비텔리우스(Vitellius)가 승계하다.
	비텔리우스가 죽고 베스파시아누스(Vespasianus)가 로마의 황제가 되다.
	예루살렘의 그리스도인들이 전쟁을 피해 펠라(Pella)로 도망을 가면서 예루살렘 교회는 흩어지게 되다.
AD 70	베스파시아누스의 아들 티투스(Titus)가 예루살렘을 함락시키다.
AD 79	베스파시아누스가 죽고 큰아들 티투스가 승계하다. 이후 8월 24일 폼페이에 있는 베수비오 화산(Mount. Vesuvius)이 폭발하다.
AD 81	티투스가 죽고 그의 동생 도미티아누스(Domitianus)가 로마의 황제가 되다.
AD 90	도미티아누스가 그리스도인들을 박해하기 시작하다(약 7년 동안

진행).

얌니아 랍비 회의에서 구약 39권의 목록이 확정되고, 그리스도인들은 회당과 결별하다.

AD 95   사도 요한이 밧모 섬에 유배되다.

AD 96   도미티아누스가 암살되고 네르바(Nerva)가 로마의 황제가 되다. 사도 요한이 밧모 섬에서 풀려나 에베소로 돌아오다.

AD 98   네르바가 죽고 트라이아누스(Trajanus)가 황제가 되다.

AD117   트라이아누스가 죽고 하드리아누스(Hadrianus)가 황제가 되다. 사도 요한의 제자 이그나시우스가 로마에서 순교하다.

AD132   발 고쿠바(Bar Cocheba)의 로마를 대항한 항쟁이 진압되고 예루살렘은 완전히 파괴되며 유대인들은 온 세계로 흩어지다.

AD 155 사도 요한의 제자이자 서머나 교회의 감독인 폴리캅이 순교하다.

참고문헌

한글 서적

권오현, 《바울의 생애》 상·하, 서울 : 대한기독교서회, 1997.

김득중, 《복음서 신학》, 서울 : 컨콜디아사, 1986.

노우호, 《쉽게 이해되는 신구약 중간사》, 서울 : 우리글문화, 2006.

박용우, 《바울》, 서울 : 바울서원, 2004.

박혁주, 이지영, 《성경의 땅》, 서울 : 쿰란출판사, 2006.

손영삼, 《그리스》, 서울 : 쿰란출판사, 1997.

이복순, 《사도 바울의 생애와 사역》, 서울 : 노문사, 2001.

이시호, 《중근동 기독교 성지》, 서울 : 예영커뮤니케이션, 1997.

전경연, 《원시 기독교와 바울》, 서울 : 대한기독교출판사, 1982.

조광호, 《바울》, 서울 : 비블리카 아카데미아, 2006.

조동규, 《그리스》, 아테네 : Heerap Press, 2001.

홍순화, 《요르단의 성지》, 서울 : 한국성서지리연구원, 2006.

_____, 《이스라엘의 성지》, 서울 : 한국성서지리연구원, 2007.

_____, 《시리아 레바논의 성지》, 서울 : 한국성서지리연구원, 2010.

번역 서적

마르틴 노트, 박문재 역, 《이스라엘의 역사》, 경기 : 크리스찬 다이제스트, 2001.

라이오넬 카슨, 김훈 역, 《고대의 배와 항해 이야기》, 서울 : 가람기획, 2001.

에드거 J. 굿스피드, 조성헌 역, 《바울》, 서울 : 다산글방, 1993.

유스토 L. 곤잘레스, 서영일 역, 《초대교회사》, 서울 : 은성출판사, 2006.

제롬 머피 오코너, 정대철 역, 《바울 이야기》, 서울 : 두란노, 2006.

프랑크 군윈, 이남종 역, 《바울의 생애》, 서울 : 크리스챤 서적, 1996.

하워드 F. 보스, 한정건, 신득일 공역, 《성경지리개론》, 서울 : 기독교문서선교회, 1999.

F. F. 브루스,. 정원태 역, 《바울 신학》, 서울 : 기독교문서선교회, 1992.

_____, 윤종석 역, 《바울 곁의 사람들》, 서울 : 기독지혜사, 1992.

F. 벨로, 《예수 시대의 민중운동》, 서울 : 한국신학연구소, 1990.

John J. 노리치, 남경태와 이동진 역, 《종횡무진 동로마사》, 서울 : 도서출판 그린비, 2000.

Martin Dibelius, 전경연 역, 《바울》, 경기도 : 한신대학출판부, 1991.

Walter C. Kaiser, Jr., 류근상 역, 《이스라엘의 역사》, 서울 : 크리스챤 출판사, 2003.

원서

Bilge Umar, *Kappadokia*, Izmir : Yaşar Eğitim Kültür Vakfı, 1998.

Bilge Umar, *Kilikia*, Istanbul : Inkilap, 2000.

Bilge Umar, *Türkiye' deki Tarihsel Adlar*, 2. Baski, Istanbul : inkilap, 1999.

Dured Mekdad, *The Ancient Monuments in Bosra*, Damascus : Al Ahali press, 1998.

Edgar J. Goodspeed, *Paul*, Nashville and New York : Abingdon Press, 1947.

Ellen Gunderson Traylor, *John, Son of Thunder*, Illinois : Living Books, 1979.

Evangelia Kypraiou, *Philippi*, Athens : Pergamos Press, 1995.

Falko Daim and Sabine Ladstatter (ed.), *Bizans döneminde Ephesos*, Istanbul : Ege Yayinlari, 2011.

Fatih Çimok, *Saint Paul in Anatolia*, Istanbul : A Turism Press, 1999.

Helmut Uhlig, *Ipek Yolu*, Istanbul : Okuyanus Press, 2000.

Hüseyin çimrin, *St. Nicholas Church Myra, Kekova and Kaş from Demre to Kalkan*, Antalya: Güney Books, 2005.

Levent Zoroğlu, *A Guide to Tarsus*, Ankara : Donmez Press, 1995.

Marco Adinolfi, *Saint Paul in Damascus*, Milano : Dragonetti Edizioni, 2001.

Maria Mavromataki, *Paul*, Athens : Haitalis, 2003.

Mark Wilson, *Biblical Turkey*, Istanbul : Ege Yayinlari, 2010.

Mary Anastasiou, *Cyprus*, Athens : Michalis Toubis edition S.A., 1999.

Mehlika Seval, *Ephesus*, Istanbul : Minyatur Yayinlari, 1988.

Mehmet Ali Kaya, *Anadolu' daki Galatlar ve Galatya Tarihi*, Izmir : Ilya Izmir Yayinevi, 2005.

Mehmet Taşlialan, *Pisidian Antioch*, Yalvac : Theophilus Archeological Foundation, 2001.

Metin Pehlivaner, *Antalya, Pamphylia, Perge, Aspendos, Side*, Ankara : Dönmez Offset, 1997.

Murat Arslan, *Galatlar*, Istanbul : Arkeoloji ve Sanat Yayinlari 2000.

Mustafa Büyükkolanci, *St. John*, Selcuk-Izmir : Publication of Efes 2000 Foundation, 2001.

Nicos Papahatzis, *Ancient Corinth*, Athens : Ekdotike Athenon S.A. 1998.

Norbert Zimmermann and Sabine Ladstatter (ed.), *Ephesos Duvar Resimleri*, Istanbul : Ege Yayinlari, 2011.

Otto F. A. Meinardus, *St. Paul in Greece*, Athens : Lycabettus Press, 2001.

Roberta L. Harris, *The World of the Bible*, New York : Thames and Hudson, 1995.

Robert Morkot, *The Penguin Historical Atlas of Ancient Greece*, England : The Bath Press, 1996.

Semih Tulay, Hasibe Akat, *Didyma, Miletos, Priene*, Istanbul : Canyigik grafik, 2001.

Seyoon Kim, *Paul and The New Perspective*, UK : Wm.B.Eerdmans Publishing Co., 2002.

The Antalya Museum, *Ancient Antalya-Pamphylia*, Antalya Museum Press, 1997.

Ünal Demirer, *Pisidian Antioch*, Ankara : Dönmez Offset, 2002.

V. Kourtara, L. Xeroutsikou, Theo. M. Provatakis, *Patmos*, Athens : Michalis Toubis A. E., 1996.

Vedat Idil, *Ankara, The Ancient Sites and Museums*, Ankara : Net Turistik Yayinlari, 2001.

Veysel Donbaz, *The Royal Roads of Anatolia*, Istanbul : Cem Press, 1995.

William M. Ramsay, ed. Levent Zoroğlu, *Tarsus*, Ankara : Türk Tarih Kurumu, 2000.

William M. Ramsay, ed. Mark Wilson, *St. Paul*, London : Concorde House, 2001.

```
판 권
소 유
```

성서지리와 역사적 관점으로 본

사도 바울

2013년 1월 10일 인쇄
2013년 1월 15일 발행

지은이 | 이영철
발행인 | 이형규
발행처 | 쿰란출판사
주소 | 서울시 종로구 이화동 184-3
TEL | 745-1007, 745-1301, 747-1212, 743-1300
영업부 | 747-1004, FAX/745-8490
본사평생전화번호 | 0502-756-1004
홈페이지 | http://www.qumran.co.kr
E-mail | qrbooks@gmail.com
　　　　　 qrbooks@daum.net
한글인터넷주소 | 쿰란, 쿰란출판사

등록 | 제1-670호(1988.2.27)

책임교열 | 동경익, 김유미

값 18,000원

ISBN 978-89-6562-385-4 93230

* 이 출판물은 저작권법에 의해 보호를 받는 저작물이므로 무단 복제할 수 없습니다.
　잘못된 책은 교환해 드립니다.